ココミル

cocomiru

鹿兒島

霧島 指宿
屋久島

U0076779

創造一次美好的
旅遊回憶♪

薩摩的土地說著
「歡迎來到這裡」

上：從仙巖園（P48）可眺望到的櫻島景色　　下方左起：西鄉隆盛銅像（P44）、知覽的高城庵（P108）、霧島神宮（P86）、尚古集成館（P51）

火之島櫻島、薩摩之國的西鄉隆盛，
不同於這些強硬的印象，
在這裡，你可以遇見熱情的當地居民，
在島津家庭園中度過悠閒的時光，
欣賞著閃耀著光芒的薩摩切子…
快來享受南國的自然與文化吧！

上：知覽武家屋敷 (P108)、舊鹿兒島紡織所技師館 (P50)
下方左起：燒酒庵　武三 (P29)、霧島神宮 (P86) 的花朵護身符與九面護身符、霧島藝術森林 (P92)、生駒高原 (P88)

泡泡溫泉、享受溫熱的砂浴，
在霧島·指宿的大自然中放鬆心情
舒服地渡過旅程吧。

上段照片左起：雅敘苑（P91）的客房露天浴池與玄關、悠離庵（P111）的露天浴池　中央照片左起：霧島岩崎飯店綠溪湯苑（已歇業）、指宿白水館（P110）的元綠浴池下段照片左起：砂樂（P100）的砂蒸浴、Healthy Land露天溫泉玉手箱溫泉（P105）的和風露天浴室、青葉（P101）的指宿黑豬肉丼飯

旅途中遇見的
薩摩美食
讓人不禁讚嘆
「好好吃」。

切割出閃爍光芒的
薩摩切子，
極具風格的黑與白的薩摩燒。
這就是高質感的鹿兒島。

鹿兒島是什麼樣的地方？

包含島嶼的話，南北長約600km，有櫻島、屋久島等值得一訪的景點

包含南方連綿的島嶼，鹿兒島縣南北距離相當長。正因如此，風土、文化、語言的種類豐富，且具多樣性。而反覆發生小規模噴發的活火山·櫻島（☞P54），以及世界自然遺產·屋久島（☞P113）等世界少見的大自然景色，也非常具有魅力。

從長島美術館（☞P28）
眺望鹿兒島地標·櫻島（☞P54）

鹿兒島市維新故鄉館（☞P30）
附近為鹿兒島市內著名的賞櫻景點

什麼季節最美？

初夏、秋季是霧島、屋久島，冬天則推薦指宿

霧島、屋久島在初夏、秋季可以欣賞到新綠、楓紅等自然的美景。冬季則建議前往位於南方的指宿。那裡有盛開的油菜花迎接著遊客。鹿兒島市區因為夏季風向的關係可能會有櫻島火山落塵，但因為幾乎不會影響觀光及交通，請安心前來。

造訪鹿兒島前的
必備旅遊知識

自然、美食、溫泉、景色、歷史，還有熱情款待的精神。
位在九州本土最南端，是吸引遊客不斷前來的魅力寶庫。

該怎麼去？

搭飛機和新幹線都可以！可搭配旅行計劃來選擇

一般來說從關東地區是搭乘飛機，關西地區則搭乘飛機或新幹線（☞P126）。從鹿兒島機場到鹿兒島市內、霧島、指宿皆有運行機場巴士，到指宿的話也有從鹿兒島中央站搭乘JR的方法。從機場也有巴士通往前往屋久島的高速船碼頭。而成田機場、關西機場都有LCC的航班，前往鹿兒島變得更加輕鬆了。

九州新幹線運行
的800系列車

市內觀光要花多少時間？

只有鹿兒島市區的話1天
櫻島則停留1晚能更加從容

從鹿兒島中央站發車的巡迴巴士是由2間巴士公司進行營運，巡遊市內各觀光景點。只要搭乘此巡迴巴士即可踩完主要的一級景點，所以很適合第一次到訪鹿兒島的遊客。結束觀光後可以在鹿兒島最熱鬧的天文館走走。在這裡享用黑豬肉、白熊等鹿兒島的特色美食。

天文館むじゃき的
吉祥物・白熊（☞P36）

不可錯過的鹿兒島觀光景點是？

櫻島、仙巖園、西鄉隆盛銅像
3個日文頭文字為"S"的景點

櫻島、仙巖園、西鄉隆盛。鹿兒島有著很多值得一訪的景點，但必去的景點是這3個。鹿兒島的地標・櫻島（☞P54）、島津殿下的別宅・仙巖園（☞P48）、西鄉隆盛的巨型銅像（☞P27）。沒來這些景點，就不能說來過鹿兒島哦！

高8m的西鄉隆盛銅像
（☞P27・44）

被稱為薩摩富士的
開聞岳 (☞P98)

稍微走遠一些呢？

想泡溫泉的話就去霧島·指宿 知覽的武家住宅也值得推薦

想要泡個暖和的溫泉，就從鹿兒島市區北上前往霧島 (☞P83)。到坂本龍馬也曾去過的溫泉地吧。想體驗砂蒸溫泉或參觀武家住宅的話，就南下前往指宿·知覽 (☞P97)。也可以自駕前往開聞岳 (☞P104)，或在知覽武家住宅的庭園 (☞P108) 享受日本和風美景。

龍馬與妻子阿龍感情
和睦的銅像 (☞P87)

共有7處的知覽武家
住宅庭園 (☞P108)

身體全埋在砂子裡

如果想體驗鹿兒島風情？

到指宿體驗 用砂子溫熱身體的砂蒸溫泉！

將身體完全埋進被溫泉加熱的砂子裡，這就是非常特別的砂蒸溫泉 (☞P100)。舒服得像是被地球擁抱著一樣，不小心就會進入夢鄉。入浴時間大約10分鐘，因為體內的老舊物質會隨著大量汗水一起排出，可以期待其美肌效果，是深受女性喜愛的溫泉。

不可錯過的美食是？

使用豐富食材的薩摩料理
種類多樣的黑豬肉料理非吃不可

薩摩料理（☞P68）以在豐郁的土地所孕育的食材製作，種類非常豐富。丁香魚生切片及炸甘薯、燉豬肉等，盡是活用了素材本身美味的料理。濃郁卻口味清淡的黑豬肉，除了涮肉片、豬排等常見的料理法之外，還可以享用到在產地才有的多樣化調理方式。

薩摩料理整體來說調味大多偏甜。
熊襲亭（☞P68）

這個雕刻精美的薩摩切子墜飾，可以在池天文堂（☞P77）購得。

伴手禮要選什麼好？

食物的話就選甘薯甜點
送給自己的則選擇傳統工藝品

鹿兒島伴手禮最著名的就是甘薯商品。甜點（☞P72）的話可選擇唐芋半熟蛋糕和烤甘薯布丁。酒類則有甘薯燒酒（☞P40）等，種類相當豐富。想作為旅行的回憶則可以選擇鹿兒島的傳統工藝品（☞P76）。像是白薩摩的咖啡杯或切子墜飾等，選擇可以長久使用的東西送給自己吧。

最推薦的鹿兒島的離島是？

到世界自然遺產島嶼‧屋久島
全心享受島上的悠閒時光

被登錄為世界自然遺產的屋久島（☞P113），有著不斷地吸引著人們前往的美麗自然景色。尤其令人感到悠長歷史的繩文杉（☞P116），是即使來回需花費10小時都想見上一眼的能量景點。而據說是動畫電影『魔法公主』的原形的白谷雲水峽（☞P118）的苔之森，也是讓人想一訪的地方。

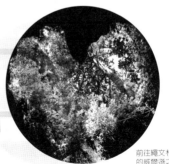

前往繩文杉途中的威爾遜之樹（☞P117）

鹿兒島是什麼樣的地方

美食、歷史、自然、溫泉，
鹿兒島有著各種令人期待的事物。

鹿兒島的觀光地可大略分為4個區域

以鹿兒島市區為中心，鹿兒島一共有霧島、指宿‧知覽、以及屋久島等4大觀光區域。以鹿兒島市區為據點的電車及巴士等公共交通工具都相當齊全，班次也多，移動上非常方便。前往櫻島的話，從鹿兒島市區的櫻島棧橋搭乘渡輪，船程15分。

觀光的起點為機場與中央站

從機場到鹿兒島市區、霧島、指宿皆有機場巴士運行。到指宿也可以先搭巴士到鹿兒島市區，再從鹿兒島中央站搭乘JR前往。到屋久島則可以從機場搭乘飛機，或從鹿兒島市區搭乘高速汽船或渡輪。

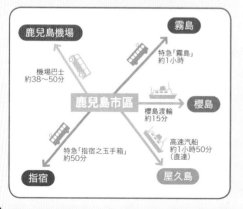

鹿兒島市區 ①

かごしまたうん

•••P16

在鹿兒島縣政府所在地的鹿兒島市，從幕末維新時期的歷史到鹿兒島特有的美食，在這裡可以充分感受鹿兒島的魅力。位在錦江灣上雄偉的櫻島，也是讓人難以忘懷的鹿兒島地標。

詳細在這裡
鹿兒島中央站 ☞P22
天文館 ☞P32
仙巖園 ☞P48
櫻島 ☞P54

屋久島 ④

やくしま

•••P113

已被登錄為世界自然遺產的屋久島，就位在距離鹿兒島60km的海上。白谷雲水峽為屋久島最有人氣的景點。而繩文杉有著上千年的樹齡，一直以來守候著島上森林的巨木。除了接觸森林、海洋等大自然的休閒活動外，島上的美食也不容錯過。

詳細在這裡
繩文杉 ☞P116
白谷雲水峽 ☞P118
なごみカフェ ☞P120

きりしま
霧島
②

···P83

以祭祀天孫降臨的神明的霧島神宮為
首，在霧島上散布著不少能量景點。
有不少泉量多且泉質佳的溫泉也是為
人熟知的特色。在妙見溫泉也有讓人
一輩子想住上一次的地方。另外，這
裡與坂本龍馬的淵源也相當有名。

詳細在這裡 ✎

霧島神宮 ☞P86
蝦野·生駒高原 ☞P88
妙見溫泉的住宿 ☞P90

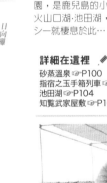

いぶすき ちらん
指宿·知覽
③

···P97

有排毒效果的砂蒸溫泉，是指宿最有
人氣的活動。而留有江戶時代風貌的
知覽，保存有武家住宅和美麗的庭
園，是鹿兒島的小京都。九州最大的
火山口湖·池田湖，傳說中的怪獸伊ッ
シー就棲息於此…。

詳細在這裡 ✎

砂蒸溫泉 ☞P100
指宿之玉手箱列車 ☞P102
池田湖 ☞P104
知覽武家屋敷 ☞P106

屋久島之外還有

也想去鹿兒島離島

たねがしま
種子島 MAP 隨身地圖正面B6
位於屋久島的東北方，在島
上的種子島宇宙中心設置有
火箭發射站。從鹿兒島市區
可以搭乘渡輪或高速汽船前往。

こしきしま
甑島 MAP 隨身地圖正面A2～3
由東海上的上甑島、中甑
島、下甑島3個島嶼組成的
列島。可以欣賞到被大浪切
削出來的奇岩絕景，還有高
200m的斷崖。

鹿兒島市區
①

櫻島

指宿·知覽
③

屋久島
④

出發！

10:00 鹿兒島中央站

觀光巡迴巴士及路面電車等的起迄站主要都是在JR鹿兒島中央站的東口。

想學習幕末時期的薩摩歷史的話，就到鹿兒島中央站附近的鹿兒島維新故鄉館（☞P30）。

12:00 天文館

說到鹿兒島就是黑豬肉料理（☞P64）。午餐就來享用原產地的美味吧。

好...

外型也很可愛的刨冰·白熊（☞P36）。口味不會過甜，好好吃！

14:00 城山

鹿兒島的西鄉隆盛銅像（☞P44）是穿著凜然軍服的姿態。

15:00 磯

島津殿下的別宅·仙巖園（☞P48）。在這個觀光名勝中充滿了值得一看的景色。

好美！

在磯工藝館（☞P51）欣賞薩摩切子。

一般稱為異人館（☞P50）的舊鹿兒島紡積所技師館，過去是英國人技師的宿舍。

吃這個吧

17:00 住宿

入住位在天文館通電停附近的雷姆鹿兒島飯店（☞P80），出發享受鹿兒島的夜晚。

18:00 天文館

今天的晚餐就決定是鹿兒島的鄉土料理（☞P38）和甘薯燒酒（☞P38）了。

9:30 鹿兒島中央站

搭上話題性的觀光列車「指宿之玉手箱」（☞P102）前往指宿。景觀席也很棒。

11:00 指宿

到達後馬上來體驗著名的砂蒸溫泉（☞P100）吧！

3天2夜的
鹿兒島充實之旅

自從九州新幹線全線開通之後，有越來越多的觀光客湧進鹿兒島。
除了市區觀光之外，周邊觀光地的交通也變得更方便了。
只要3天2夜，就足以充份地享受鹿兒島的魅力。

求姻緣！

17:00 住宿

在鹿兒島花卉公園（☞P105）欣賞南國的花卉。

鎮座在薩摩半島最南端·長崎鼻（☞P105）的龍宮神社，來祈求個良緣!?

當地特色美食人氣上昇中的温たまらん丼（☞P101），享用較晚的午餐。

入住指宿白水館（☞P110）。不只砂蒸浴，這裡的溫泉也讓人充滿期待。

第3天

0:30 指宿站　　　12:00 櫻島

好吃

搭乘「指宿之玉手箱」返回鹿兒島市區。一定要吃看看車內限定的甜點（☞P103）。

從鹿兒島市區搭乘渡輪15分鐘，終於來到鹿兒島地標·櫻島（☞P54）。

在休息站「櫻島」（☞P58）享用簡單午餐的小蜜柑烏龍麵。

漫步在崎嶇溶岩原上的溶岩海濱遊步道（☞P56）。

15:30 海豚碼頭　　16:30 鹿兒島中央站

到達！

也有以櫻島為背景的超長型足湯（☞P56）。當然用的是天然溫泉。

從特產品到零食、燒酒等各式伴手禮。（☞P43）

把從摩天輪AMURAN（☞P25）上眺望的鹿兒島市區和櫻島的景色，深深烙印在心裡吧。

位於鹿兒島中央站內的MIYAGE YOKOCHO（☞P25），確認一下有沒有漏買什麼伴手禮。

既然都遠行來到這裡了

第四天要不要稍微走遠一些？

如何前往薩摩的小京都·知覽

從鹿兒島中央站搭往知覽「特攻觀音入口」的巴士（☞P129）。到武家屋敷在「武家屋敷入口」下車，到特攻和平會館則在終點站下車。（☞P106）

如何前往九州首屈一指的溫泉鄉·霧島

前往霧島觀光的據點·JR霧島神宮站可搭乘特急列車。想前往妙見溫泉的話，搭乘JR的觀光列車「隼人之風」（☞P94）最為方便。（☞P83）

叩叩日本
cocomiru

鹿兒島
霧島 指宿 屋久島

Contents

旅遊的序章
薩摩的土地說著「歡迎來到這裡」 ⋯2
造訪鹿兒島前的必備旅遊知識 ⋯6
鹿兒島是什麼樣的地方 ⋯10
3天2夜鹿兒島之旅 ⋯12

美景、名勝、美食
在鹿兒島市區觀光 ⋯16
鹿兒島市區是什麼樣的地方 ⋯18
搭巡迴巴士的鹿兒島市區一日觀光 ⋯20

鹿兒島中央站周邊 ⋯22
鹿兒島中央站 周邊3大車站大樓 ⋯24
不容錯過的商店街與屋台村 ⋯26
加倍樂趣專欄
關於薩摩的歷史及偉人 ⋯27
不妨到這裡走走 推薦景點 ⋯28
維新故鄉館 ⋯30

天文館 ⋯32
天文館的特色商店 ⋯34
當地甜點「白熊」 ⋯36
渡過天文館的夜晚 ⋯38
加倍樂趣專欄
學習燒酒的知識 ⋯40
不妨到這裡走走 推薦景點 ⋯42
步步慢行「城山巡遊」 ⋯44

仙巖園周邊 ⋯46
在名勝 仙巖園散步吧 ⋯48
3棟洋風建築與集成館事業 ⋯50
在島津別宅享用午餐 ⋯52
不妨到這裡走走 推薦景點 ⋯53

櫻島 …54

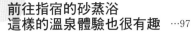
前往指宿的砂蒸浴
這樣的溫泉體驗也很有趣 …97

指宿・知覽是什麼樣的地方 …98

指宿著名的砂蒸溫泉 …100

觀光列車「指宿之玉手箱」 …102

開聞岳周邊美景自駕兜風 …104

薩摩的小京都知覽 …106

參觀7座知覽武家屋敷庭園 …108

享受指宿頂極的溫泉旅館 …110

指宿的住宿 …112

櫻島巡遊 …56

鹿兒島市區郊外的觀光景點 …60

**結束觀光之後享用
鹿兒島的美食、逛街買伴手禮吧** …62

黑豬肉料理 …64

三大品牌雞肉 …66

薩摩的鄉土料理 …68

鹿兒島拉麵 …70

甘薯甜點 …72

推薦伴手禮 …74

傳統工藝品&特產品 …76

加倍樂趣專欄
學習兩大傳統工藝 …78

鹿兒島市區的住宿 …80

加倍樂趣專欄
鹿兒島市內的澡堂 …82

**在自然環繞的霧島盡情享受溫泉？
還是在神話般的世界中補充能量?!** …83

霧島是什麼樣的地方 …84

參拜霧島神宮 …86

蝦野高原&生駒高原 …88

妙見溫泉令人嚮往的住宿 …90

不妨到這裡走走 推薦景點 …92

肥薩線之旅 …94

前往黑醋之鄉・福山 …96

**世界自然遺產、屋久島
擁有不可思議的能量** …113

屋久島是什麼樣的地方 …114

以巨大繩文杉為目標的登山 …116

神秘森林・白谷雲水峽 …118

屋久島的咖啡廳時光 …120

不妨到這裡走走 推薦景點 …122

屋久島的住宿 …124

**第一次的鹿兒島
旅遊資訊**

旅遊資訊 …126

旅遊鹿兒島前的相關小知識 …132

鹿兒島MAP …134

INDEX …142

中央公園旁的「西鄉隆盛銅像」

在「維新故鄉館」學習歷史

從「城山展望台」遠望櫻島。好美！

「黑福多」的人氣炸豬排

「魚庄」的活鯖魚片！好想吃

「平川動物公園」的白虎

用薩摩黑酒器享用燒酒

世界遺產「舊鹿兒島市紡織所技師館（異人館）」

島名產黑豬肉料理

日人潮絡繹不絕的「鹿兒島故鄉屋台村」

美景、名勝、美食
在鹿兒島市區觀光

參觀西鄉隆盛銅像、登上城山展望台、在仙巖園欣賞美景。

觀光之後再以黑豬肉午餐或鹿兒島拉麵滿足味蕾。

晚上在天文館喝著燒酒，享受居酒屋的夜晚。

在鹿兒島，觀光和美食和玩樂就是那麼充實。

鹿兒島市區是
什麼樣的地方

可以享受美食、購物，也有感受歷史氣息的風景，充滿吸引人的景點。

🔅 觀光景點有6個區域

在鹿兒島市區周邊除了市區才有的車站大樓及商店街林立外，也有歷史悠久的觀光景點散布其中。購物和當地美食的話就在鹿兒島中央站、天文館、海豚碼頭，想走歷史行程就是城山、仙巖園周邊，想感受鹿兒島風情就走遠一點到櫻島…。交通方便，肯定讓你玩得精實又有深度！

🔅 到達鹿兒島後
首先到觀光服務處
收集資訊

位在鹿兒島中央站內及中央站附近的觀光交流中心有豐富的簡介，也提供指引觀光和交通的服務。

[洽詢] 鹿兒島中央站
綜合觀光服務處
☎099-253-2500

[洽詢] 觀光交流中心
☎099-298-5111

在觀光服務處收集相關資訊吧

鹿兒島中央站周邊 ①
···P22

鹿兒島的主要車站。位在車站大樓的AMU PLAZA有可以一望市區風景的大型摩天輪。

詳細在這裡
摩天輪AMURAN ☞P25
大久保利通像 ☞P27
鹿兒島市維新故鄉館 ☞P30

從大阪搭乘九州
新幹線相當方便

天文館 ②
···P32

鹿兒島最大的鬧區。有百貨公司、商店、餐廳、咖啡廳、夜遊景點等。

有很多可以吃到鹿兒島鄉土料理丁香魚的店家

詳細在這裡
菓々子橫丁 ☞P34
天文館むじゃき ☞P36
燒酒之夜 ☞P38

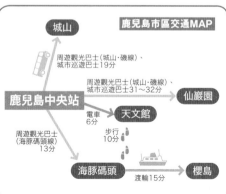

鹿兒島市區交通MAP

城山

周遊觀光巴士（城山·磯線）、
城市巡遊巴士19分

周遊觀光巴士（城山·磯線）、
城市巡遊巴士31～32分

鹿兒島中央站

電車
6分 → 天文館 → 仙巖園

步行
10分

周遊觀光巴士
（海豚碼頭線）
13分

海豚碼頭 → 渡輪15分 → 櫻島

しろやま
城山 ③

・・・P44

與西鄉隆盛有淵源的歷史景點。現在則因為是櫻島及錦江灣的眺望景點而聞名。

詳細在這裡
西鄉隆盛銅像☞P44
照國神社☞P44
城山展望台☞P45

せんがんえんしゅうへん
仙巖園周邊 ④

・・・P46

有記錄了島津家歷史的名勝庭園，以及近代化遺產的尚古集成館等，是愛好歷史的人必來的地區。

詳細在這裡
名勝 仙巖園☞P48
舊鹿兒島紡織所技師館
(異人館)☞P50
石橋記念公園☞P53

從城山看到的鹿兒島市内的夜景

往薩摩川内
玉里公園
旧津氏玉里邸庭園
鹿兒島神社
護国神社
南洲公園
鹿児島アリーナ
西郷洞窟
夏蔭公園
城山 ③
城山公園
照國神社
鹿兒島中央站周邊 ①
往川内站
日枝神社
九州新幹線
往鹿兒島IC
鹿兒島中央站
長島美術館
市電(2系統)
市電(1系統)
天文館公園
② 天文館
往二中通電停
鹿児島市
發照寺
尚古集成館
名勝 仙巖園
往始良站
日豐本線
島津薩摩切子 ギャラリーショップ
磯工芸館
磯天神普原神社
舊鹿兒島紡織所技師館
(異人館)
日向街道(高麗町)
多賀山公園
④ 仙巖園周邊
祇園之洲公園
鹿児島站
鹿児島(鴨丸)城跡
市立美術館
陽山美術館
櫻島渡輪碼頭(鹿兒島港)
⑤ 海豚碼頭
鹿児島港
IOWORLD
鹿児島水族館
北埠頭旅客碼頭
鹿児島本港
南埠頭旅客碼頭
種子・屋久島
高速船旅客碼頭
東本願寺鹿兒島別院
鹿兒島新港
往南鹿兒島
鹿兒島灣
(錦江灣)
櫻島渡輪
櫻島 ⑥
桜島自然恐竜公園
櫻島港
櫻島港渡輪碼頭
櫻島遊客中心
桜島溶岩グラウンド
桜島総合体育館
「櫻島」
火の島めぐみ館
櫻島海濱公園
烏島展望所
往赤水・古里温泉
桜島溶岩道路

0 500m N

さくらじま
櫻島 ⑥

・・・P54

為鹿兒島地標的活火山。從市區搭乘渡輪只需要15分，距離很近。

噴煙中的活火山

詳細在這裡
溶岩海濱遊步道☞P56
湯之平展望所☞P58
黑神埋沒鳥居☞P59

ドルフィンポート
海豚碼頭 ⑤

・・・P43

從天文館步行12分鐘就是面對錦江灣的Water Front，是聚集了咖啡廳、餐廳、物產館的大型複合購物中心。

可以直視到櫻島

19

活用巡迴巴士
鹿兒島市區一日觀光出發囉！

鹿兒島周遊觀光巴士巡迴在鹿兒島市內觀光景點之間，相當方便。
搭乘「城山·磯線」即可以走完市區內的主要觀光景點。

復古造型
好可愛！

かごしましていびゅー
鹿兒島周遊觀光巴士

輕鬆到達觀光景點

想巡迴城山展望台及名勝仙巖園等主要觀光地的話，推薦搭乘「城山·磯線」（9～17時20分，每隔30鐘發車）。想前往通往櫻島的渡輪碼頭則是搭乘靠海的「海豚碼頭號」比較快。一天內會搭乘4次以上的話，可購買1日乘車券較划算。☞P128

| 洽詢 | 鹿兒島市交通局巴士事業課 ☎099-257-2117 |
| 車資 | 單次車資 190日圓 / 1日乘車券 600日圓 |

其他交通方式

市區觀光的話還有「城市巡遊巴士」

從鹿兒島中央站前發車，行經城山展望台、名勝仙巖園、海豚碼頭等，和鹿兒島周遊觀光巴士「城山·磯線」幾乎是相同路線。繞行一圈大約1小時。巴士車體上彩繪著西鄉隆盛和篤姬的圖案。

| 洽詢 | 鹿兒島交通 ☎099-258-0668 |
| 車資 | 單次車資 170日圓 / 1日乘車券 500日圓 |

想去櫻島的話買「CUTE」最划算

CUTE是周遊觀光巴士與櫻島觀光船或巴士的套票，相當方便。除了鹿兒島周遊觀光巴士外，還可搭乘往櫻島的「櫻島渡輪」（☞P54）、「よりみちクルーズ」或「櫻島Island View」等。

| 購票 | 鹿兒島中央站綜合觀光服務處 觀光交流中心（皆為☞P18） |
| 車資 | 1日乘車券 1200日圓 / 2日乘車券 1800日圓 |

※鹿兒島周遊觀光巴士的1日乘車券、CUTE的1日、2日乘車券亦可搭乘市電、市營巴士

❶ かごしましいしんふるさとかん
鹿兒島市維新故鄉館

🔍 觀光重點

在這裡可以學習關於薩摩的歷史，了解西鄉隆盛等誕生於鹿兒島的幕末偉人們的故事。☞P30

❷ さいごうたかもりどうぞう
西鄉隆盛銅像

🔍 觀光重點

表情凜然、身穿軍服的西鄉隆盛銅像。隔著國道的另一側還有適合拍記念照的廣場。☞P27、44

步行
即到

約3分

約4分

約6分   ザビエル
公園前   ❷ 西鄉銅像前

步行
即到   ❶ 維新ふるさと館
（觀光交流センター）前

START！   約2分

鹿兒島中央站

約13分

從東口出站，左側的「東4番」巴士站就是周遊觀光巴士的乘車處。

天文館

ドルフィン
ポート前

約4分

ドルフィン
ポート前

鹿兒島

約1分   ❽ かごしま
水族館前（桜島）

步行
1分

❽ いおわーるど かごしますいぞくかん
IOWORLD鹿兒島水族館

🔍 觀光重點

這裡展示鹿兒島近海的生物，最有人氣的是黑潮大水槽中的鯨鯊和海豚。☞P42

搭乘夜景線來
夜遊吧！

周遊觀光巴士也有夜景線。運行日是1、8、12月的週五、六，其他的月份為週六，1天2班次，12月則有4班次。可購買夜景線用套票200日圓，亦可使用1日乘車券或CUTE。
☎099-257-2117(鹿兒島市交通局巴士事業課)

③ さいごうどうくつ 西鄉洞窟

🔍 觀光重點

這裡是西南戰爭結束前因為官軍的追逐，薩軍所藏身的洞窟。可能會對它的狹小程度感到驚訝。☞P45

④ しろやまてんぼうだい 城山展望台

🔍 觀光重點 可以一望櫻島與鹿兒島的市區風景，夜景也值得推薦！☞P45

約2分　西鄉洞窟前
③ 西鄉洞窟前
步行即到
薩摩義士碑前　約2分　④ 城山
約7分
城山·磯線 🚌
⑤ 南洲公園入口
⑥ 仙巖園(磯庭園)前
⑦ 石橋記念公園前
約1分　約3分　約6分

徒步3分
步行3分

⑤ なんしゅうこうえん 南洲公園

🔍 觀光重點

園區內有西南戰爭時薩軍戰死者的南洲墓地，以及透過模型、資料來介紹西鄉隆盛的西鄉南洲顯彰館、南洲神社。公園位在高台上，可以清楚地眺望到櫻島。

☎099-247-1100 🏠鹿兒島市上竜尾町2-1 ¥🕐休自由 ₽52輛 ※西鄉南洲顯彰館為 ¥200日圓 🕐9～17時(入館為～16時40分) 休週一(逢假日則翌日休) **MAP**P134C2

⑦ いしばしきねんこうえん 石橋記念公園

🔍 觀光重點

甲突川上的玉江、高麗、西田三座石橋，被遷移到這個公園中保存。☞P53

⑥ めいしょう せんがんえん 名勝 仙巖園

🔍 觀光重點

島津家的別宅，有著櫻島與錦江灣的美麗借景。園內的反射爐遺跡已被登錄為世界文化遺產。☞P48

📖 觀光電車·KAGODEN在週六、週日、假日時1天運行2班次，從鹿兒島中央站前電停發車，乘車1次340日圓。亦可使用「CUTE」。

重點看過來！

在長島美術館欣賞
藝術品與櫻島

從這裡眺望的櫻島美得
像幅畫。把這景色留在
腦海裡（☞P28）

重點看過來！

即使對歷史沒興趣
也要去維新故鄉館

想要觀光得更有深度的
話，就來了解幕末時期
的薩摩（☞P30）

重點看過來！

從摩天輪AMURAN
看見的鹿兒島也很美

搭上透明吊艙來段空中
散步如何？（☞P25）

鹿兒島中央站
就在這裡！

仙巖園

鹿兒島站

城山

天文館　櫻島

鹿兒島中央站

a c c e s s

以車站為中心受注目的熱鬧區域

鹿兒島中央站周邊

かごしまちゅうおうえきしゅうへん

是這樣的地方

JR鹿兒島中央站是九州新幹線等起迄站，
是鹿兒島的玄關。在周邊飯店、餐廳、商業
設施林立，是鹿兒島市區最受注目的區域。
而前往各觀光地的巴士、鹿兒島市區的巡迴
巴士也在此發車，作為鹿兒島觀光的交通據
點也是很重要的區域。

●博多站出發
從JR博多站搭乘九州新幹
線，最快1小時16分，在
JR鹿兒島中央站下車

●鹿兒島機場出發
從鹿兒島機場搭乘機場巴
士，最快38分，在鹿兒島
中央站下車

洽　詢
觀光交流中心
☎099-298-5111
鹿兒島中央站綜合觀光服務處
☎099-253-2500

~鹿兒島中央站周邊 快速導覽MAP~

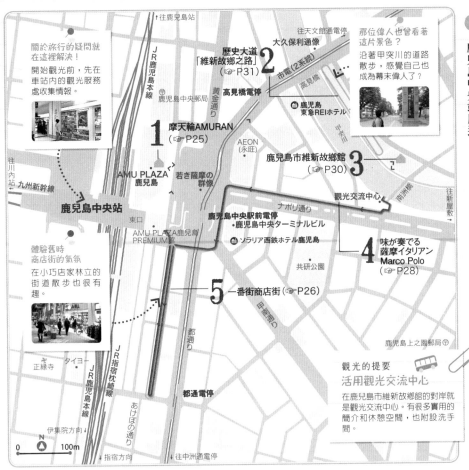

關於旅行的疑問就在這裡解決！
開始觀光前，先在車站內的觀光服務處收集情報。

那位偉人也曾看著這片景色？
沿著甲突川的道路散步，感覺自己也成為幕末偉人了？

1 摩天輪AMURAN（☞P25）

歷史大道「維新故鄉之路」（☞P31） **2**

鹿兒島市維新故鄉館（☞P30） **3**

4 味が奏でる薩摩イタリアンMarco Polo（☞P28）

5 一番街商店街（☞P26）

體驗舊時商店街的氣氛
在小巧店家林立的街道散步也很有趣。

觀光的提要
活用觀光交流中心
在鹿兒島市維新故鄉館的對岸就是觀光交流中心。有很多實用的簡介和休憩空間，也附設洗手間。

推薦路線
3小時30分
從鹿兒島中央站出發，將從摩天輪AMURAN上眺望的景色走一圈。在了解歷史之後，享用午餐，再前往復古氣氛的商店街挑選伴手禮吧。

出發	1	2	3	4	5	終點
JR鹿兒島中央站東口	摩天輪AMURAN	歷史大道「維新故鄉之路」	鹿兒島市維新故鄉館	味が奏でる薩摩イタリアンMarco Polo	一番街商店街	JR鹿兒島中央站東口

步行即到 ▶ 步行5分 ▶ 步行3分 ▶ 步行5分 ▶ 步行5分 ▶ 步行5分

鹿兒島的玄關·鹿兒島中央站
首先了解周邊的3大車站大樓！

九州新幹線的起迄站，鹿兒島的陸地玄關·鹿兒島中央站周邊區域，
聚集了直通車站的飯店及餐廳、伴手禮店，是鹿兒島觀光的據點。

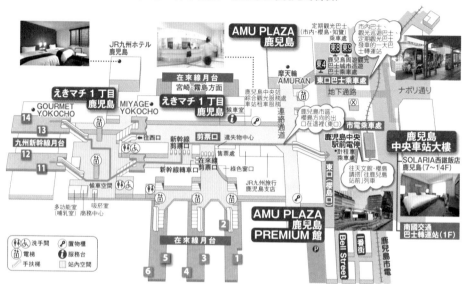

- AMU PLAZA 鹿兒島
- 定期觀光巴士（市內·櫻島·知覽）乘車處
- 市內巴士、觀光巡遊巴士、定期觀光巴士發車的士轉運站
- JR九州HOTEL鹿兒島
- 摩天輪 AMURAN
- 鹿兒島周遊觀光巴士城市巡遊巴士乘車處
- 東8 東9
- 東4
- 在來線月台 宮崎·霧島方面
- えきマチ1丁目 鹿兒島
- 東口巴士乘車處
- 地下通路
- ナポリ通り
- GOURMET YOKOCHO
- えきマチ1丁目 鹿兒島
- MIYAGE YOKOCHO
- 鹿兒島中央站綜合觀光服務處車站相關服務
- 14
- 候車室
- 鹿兒島市區·櫻島方向的出口在這裡（東口）
- 市電乘車處
- 鹿兒島中央站大樓
- 九州新幹線月台
- 往西口
- 新幹線剪票口
- 剪票口
- 遺失物中心
- 鹿兒島中央駅前電停
- SOLARIA西鐵飯店鹿兒島（7~14F）
- 12
- 11
- 在來線剪票口
- 售票處
- 綠色窗口
- 鹿兒島中央站前乘車處
- 往天文館·櫻島請搭「往鹿兒島站前」列車
- 候車空間
- 新幹線轉車口
- JR九州旅行鹿兒島支店
- 東口（櫻島口）
- 多功能室（哺乳室） 吸菸室 商務中心
- AMU PLAZA 鹿兒島 PREMIUM 館
- 南國交通巴士轉運站（1F）
- 鹿兒島市電
- 2
- 在來線月台
- 5 3 1
- 6 4
- Bell Street
- 一番街
- 洗手間 置物櫃 電梯 服務台 手扶梯 站內空間

かごしまちゅうおうたーみなるびる
鹿兒島中央車站大樓

便利的觀光據點

位在鹿兒島中央車站東正面，為地下1層、地上14層的大樓。從鹿兒島中央站有地下通道直通。這裡有巴士站、飯店等設施，最適合作為觀光的據點。

☎099-225-3911 住鹿兒島市中央11 交JR鹿兒島中央站東口步行1分 休因店而異 P有付費停車場 MAP136B3

注目重點 ── 地下也有美食餐廳！

じゅあん ちゅうおうえきばすちかてん
寿庵 中央站バスチカ店

招牌的黑豬肉鹽味涮涮鍋、豬排、溶岩燒烤之外，還有組合了多種小盤料理，適合女性的MOZE LUNCH（994日圓、1382日圓）也頗受好評。

☎099-202-0028 ⏰11~21時LO 休無休

▲細緻的黑豬肉搭配6種香草鹽享用的鹽味涮涮鍋

きかくずし かごしまちゅうおうたーみなるてん
喜鶴寿司 鹿兒島中央車站店

提供附近魚場捕獲的鮮魚，是在四季皆有豐富魚類的老字號壽司店。可以享用到鯖魚、水烏賊、紅甘膽等握壽司。

☎099-812-6616 ⏰11時30分~21時30分LO（午餐為~15時）休無休

▲放了多種壽司料的海鮮特丼1800日圓

到個性風格的咖啡廳坐坐

しもどうぞののちゃほ
CHAHO SHIMODOZONO

使用當地產的及當季的食材所製作的餐點和甜點，和鹿兒島縣產的茶一起享用。

☎099-822-5100 ⏰11~20時（周五、六為~22時） 休無休 茶布丁350日圓
▲香氣十足的焙茶

機場巴士在這裡發車

1樓的南國交通巴士轉運站，除了鹿兒島機場巴士外，也有通往九州各縣的高速巴士。

▲前往鹿兒島機場的話在1號乘車口

除了鹿兒島中央站前之外，還在市內21處設置了超方便的共乘自行車！

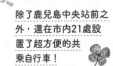

方便的自行車「かごりん」，1天24小時皆可使用。1天的登錄費200日圓，只要在30分之內還車則不需追加費用，無論租借幾次都可以，非常划算！詳細請見 http://www.kys-cycle.jp/kagorin/

えきまちいっちょうめかごしま
えきマチ1丁目鹿兒島

美食&伴手禮的一大景點

有伴手禮齊聚一堂的「MIYAGE YOKOCHO」，和可以品嘗鄉土料理及輕食等的「GOURMET YOKOCHO」，店家在剪票口外且種類豐富，非常方便。

☎099-259-3185 ㊻鹿兒島市中央町1-1 ㊂JR鹿兒島中央站內 ⏰MIYAGE YOKOCHO8～21時、GOURMET YOKOCHO10～23時(因店而異) ㊡無休 ㊅收費2044輛 MAP P136A3

注目重點 ▶ 離車站近，就是方便

GOURMET YOKOCHO

かごしまくろぶたとんかつ・しゃぶしゃぶおおやま
鹿兒島黑豚とんかつ・しゃぶしゃぶ大山

炸豬排全部都是點餐後才開始調理。推薦可以同時吃到黑豬肉里肌肉和菲力肉的「黑豚よくばり膳」。☎099-298-188 ⏰10～22時LO ㊡無休

▶黑豚よくばり膳1660日圓

さつましおおでん かねきゅう
薩摩塩おでん 金久

提供黑醋料理，及黑醋特製醬汁燉煮的「黑豚スペシャル丼」940日圓及「黑酢カクテル」389日圓等。☎099-298-5145 ⏰10～23時 ㊡無休

份量十足！さいごう丼1080日圓

MIYAGE YOKOCHO

さつませんべい やまとや じぇいあーるかごしまちゅうおうえきてん
薩摩煎餅 やまとや JR鹿兒島中央站店

這裡的煎餅中加了大量在鹿兒島捕撈的海產。一塊塊手工烤的煎餅，香氣濃厚。☎099-250-1220 ㊡依MIYAGE YOKOCHO為準

▼在鹿兒島港捕獲的丁香魚的烤全魚45g 540日圓

あげたてや かごしまちゅうおうえきてん
揚立屋 鹿兒島中央站店

健康的炸魚講究素材、製法，且無添加物、少鹽少甜。在這裡可購得現炸的魚餅。☎099-253-7041 ㊡依MIYAGE YOKOCHO為準

▲人氣的甘薯(上)及起司口味，各1片150日圓

注目重點 享受空中散步

かんらんしゃあみゅらん
摩天輪AMURAN

離地最高處有91m，是AMU PLAZA的地標。從這裡眺望櫻島及鹿兒島市區的景色可比。¥搭乘500日圓 ⏰10時～22時45分最終搭乘 ㊡無休

▲享受1圈15分鐘的空中散步
▼有提供望遠鏡及語音導覽的租賃服務

あみゅぷらざかごしま
AMU PLAZA鹿兒島

確認鹿兒島的當季品及潮流

這棟大樓中有各式各樣的店家進駐。流行服飾偏多，但在地下樓層有販售燒酒、薩摩炸魚餅等種類豐富的鹿兒島特產品。當地的美食名店也有在此展店。

☎099-812-7700 ㊻鹿兒島市中央1-1 ㊂JR鹿兒島中央站直達 ⏰10～21時(因店而異) ㊡無休 ㊅付費1810輛(亦有特約停車場) MAP P136A3

別錯過TOKYU HANDS的鹿兒島限定商品

TOKYU HANDS位在PREMIUM館的4～6樓，於4樓設有「再次發現鹿兒島的魅力」的專櫃。一定要去看看。☎099-250-0109 ⏰10～21時 ㊡依AMU PLAZA鹿兒島為準

❶最有人氣的是MAR apelar的護膚產品3456～4644日圓。50%使用鹿兒島縣產無農藥栽種原料製作，安心又安全
❷西鄉隆盛的存錢筒702日圓

JR鹿兒島中央站周邊
必訪的商店街與屋台村

在JR鹿兒島中央站周邊增加了很多現代化的大樓，
但還是讓人有點懷念感，卻又嶄新的區域。

べるどおり
◈ Bell Street ◈
新舊多樣領域的餐飲店林立

在JR鹿兒島中央站與一番街之間的道路，有一間接著一間的餐飲店。最近也增加了居酒屋、拉麵店等新店家，聚集了當地居民和觀光客。

いちばんがい
◈ 一番街 ◈
在綿長的拱廊商店街輕鬆散步

這條拱廊商店街前身是始於第二次世界大戰後的早市，長約27m。有讓人回憶起早市時期的伴手禮店和服飾店，還有新開幕的餐飲店等各式商店。

--- Bell Street · 推薦的3間店 ---

かるかんほんぽ さつまじょうきや ちゅうおうえきまえてん
かるかん本舗
薩摩蒸氣屋 中央站前店

可以參觀輕羹的製造過程。

☎099-254-6410 住鹿児島市中央町21-1 ⏰7時30分～20時30分 休無休 交JR鹿兒島中央站步行1分 P無 MAP P136A3

かふぇ ばー てぃーあんどてぃー
Cafe Bar T&T

氣氛休閒的咖啡廳酒吧。

☎099-202-0483 住鹿児島市中央町24-20-2階 ⏰11～15時、17～24時 休不定期休 交JR鹿兒島中央站步行4分 P無 MAP P136A4

さつまばーる なんしゅうあん
薩摩バール 南洲庵

15白天提供拉麵，晚上則提供薩摩創作料理及燒酒。

☎099-206-7407 住鹿児島市中央町21-31 ⏰11時30分～14時、18～23時 休週日 交JR鹿兒島中央站步行3分 P無 MAP P136A4

--- 一番街 · 推薦的3間店 ---

でいじーわーるど
daisyworld

收集世界各國的家具及雜貨的古董品商店。

☎099-298-1587 住鹿児島市中央町25-11 休不定期休(需確認臉書網頁) 交JR鹿兒島中央站步行3分 P無 MAP P136A4

くいもんや しげぞう
くいもん家 しげぞう

在這裡可以享用到產地自銷的料理。

☎099-812-8048 住鹿児島市中央町23-21 ⏰11時30分～14時LO、17～23時LO(週六為11時30分～23時LO、週日為12～22時LO) 休無休 交JR鹿兒島中央站步行3分 P無 MAP P136A3

かんていーぬ ながの
Cantine Nagano

休閒義式·法式料理，可以搭配紅酒享用。

☎099-258-1342 住鹿児島市中央町25-22カナン中央町B館1F ⏰17時～翌日1時 休不定休 交JR鹿兒島中央站步行3分 P無 MAP P136A4

也別錯過這裡！
かごつまふるさとやたいむら
鹿兒島故鄉屋台村
輕鬆在小攤品嘗鹿兒島美食

在這裡綿延多間小攤，提供的料理都使用了鹿兒島的牛、豬、雞肉、鮮魚、當季蔬菜等食材。想要吃各式鹿兒島美食的話就來這裡吧！

☎099-255-1588 (NPO法人鹿児島美食都市企畫) 住鹿児島市中央町6-4 ⏰因店而異 休第1、3週一全部店休(逢假日則翌日) 交JR鹿兒島中央站步行5分 P無 MAP P136B3

◀屋台村原創甘藷燒酒，1杯216日圓

▶天黑後點亮的燈籠也很有感覺

▲村內到處都裝飾著鹿兒島腔的招牌

來學習關於
薩摩的歷史及偉人吧

薩摩藩與明治維新，還有與其相關的偉人等
在這裡解說這些不可不知的薩摩的重要人物及事跡。

幕末時期的薩摩
是什麼狀況呢？

江戶幕府長達260多年的長期政權逐漸薄弱，在幕末遊移於建立現代化國家還是繼續鎖國之間。在薩摩藩裡，為了對抗外國勢力，藩主島津齊彬提倡「富國強兵」並展開了「集成館事業」（※P50）。受齊彬賞識而才華盡出的西鄉隆盛等年輕一輩，成為倒幕運動的中心，終於引發了名為明治維新的社會變革。

想更了解關於薩摩歷史及幕末時期，可以前往鹿兒島市維新故鄉館（☞P30）

さいごうたかもり
西鄉隆盛

MAP P137E1

文政10年(1828)～明治10年(1877)

雖為下級武士但受到島津齊彬的賞識，在明治維新時的新政府擔任要職，但因朝鮮派遣問題返回鹿兒島，在西南戰爭時自刃身亡。

 重要功績
成為倒幕最大力量的薩長同盟，江戶城無血開城等。

 淵源之地
西鄉洞窟（☞P45）、南洲公園（☞P21）、西鄉隆盛・從道誕生地（☞P31）

おおくぼとしみち
大久保利通

MAP P136B3

文政13年(1830)～明治11年(1878)

西鄉的幼時玩伴，兩人皆活躍於明治維新。在明治新政府擔任首任內務卿等要職，目標創造「富國強兵」的國家。

 重要功績
在新政府時以廢藩置縣及富國強兵為目標，並致力於殖產興業。

 淵源之地
大久保利通誕生地（MAP P136C4）、歷史大道「維新故鄉之路」（☞P31）

しまづなりあきら
島津齊彬

MAP P137D1

文化6年(1809)～
安政5年(1858)

在43歲成為第11代藩主，展開致力於富國強兵的「集成館事業」。雖擁有西鄉等多位優秀的人材，卻在就任藩主後7年不幸驟逝。

 重要功績
展開集成館事業，建立近代日本的基礎。

 淵源之地
照國神社（☞P44）、名勝 仙巖園（☞P48）

こまつたてわき
小松帶刀

MAP P137E2

天保6年(1835)～
明治3年(1870)

在28歲時就任薩摩藩的家臣。活躍於幕末的藩政中心，但在明治維新後3年，年僅35歲便過世了。

 重要功績
致力於薩長同盟等各方面的交涉。

 淵源之地
榮之尾溫泉（現霧島岩崎飯店「綠溪湯苑」）（☞P93）

てんしょういんあつひめ
天璋院篤姬

MAP P137F1

天保6年(1836)～
明治16年(1883)

出生於今和泉島津家，成為藩主島津齊彬的養女後，成為第13代將軍家定的正室。在戊辰戰爭後也以德川一員的身份渡過餘生。

 重要功績
戊辰戰爭時對江戶城的無血開城大有貢獻。

 淵源之地
鶴丸城遺跡（MAP P137F1）、名勝 仙巖園（☞P48）

※MAP位置為人像的位置。

不妨到這裡走走

鹿兒島中央站周邊的推薦景點

ながしまびじゅつかん
長島美術館

可一望櫻島的美術館

位於海拔110m的長島美術館，從庭園可以一望聳立在錦江灣上的櫻島及鹿兒島市區，因為這個優美景色而聞名。除了鄉土出身的畫家黑田清輝外，還有夏卡爾、羅丹等海外作家的繪畫及雕刻、薩摩燒等眾多展示品。**DATA** ☎099-250-5400 ⏸鹿兒島市武3-42-18 ◷9～17時 ¥1000日圓 ⊗週二(特別企畫展、其他企畫展期間可能停休) ⊗JR鹿兒島中央站西口車程5分 Ⓟ200輛 **MAP** P134A4

被亞熱帶樹木圍繞著，充滿綠意的美術館

不只在館內，室外也遍佈著藝術作品

きょうどりょうり・くろぶたしゃぶなべ・ぞうすい はちまん
郷土料理・黑豚しゃぶ鍋・ぞうすい　八幡

在時尚空間中享用涮涮鍋

黑豬肉涮涮鍋的人氣店，有不同口味湯頭供選擇。也有薩摩炸魚餅、丁香魚生切片等豐富的薩摩料理。備有100種稀有的甘薯燒酒。**DATA** ☎0120-383-088 ⏸鹿兒島市中央町2-4-2F ◷11時30分～14時30分、17時～翌2時(週五、六、假日前為～翌日3時) ⊗無休 ⊗JR中央站東口步行2分 Ⓟ無 **MAP** P136B3

かれーや たくみ かごしまちゅうおうえきてん
カレー屋 匠 鹿兒島中央站店

和牛與黑豬肉的手製咖哩飯

不只鹿兒島縣產黑毛和牛及鹿兒島產黑豬肉美味，連香料、米飯等也全部充滿講究的手製咖哩專賣店。除黑豬肉咖哩飯800日圓之外，也推薦可以同時享用和牛與黑豬肉兩種咖哩醬的匠盛1000日圓等。**DATA** ☎099-258-9595 ⏸鹿兒島市田2-20-17 ◷11時30分～15時、18～22時 ⊗無休 ⊗JR鹿兒島中央站西口步行3分 Ⓟ無 **MAP** P136A2

あじがかなでるさつまいたりあん まるこぽーろ
味が奏でる薩摩イタリアン Marco Polo

可眺望櫻島的海畔餐廳

在這裡可以享用到使用當地新鮮魚貝及蔬菜所製作的義大利料理。露台不用說，店內也可以一望櫻島風景。有6種供選擇的Marco Polo Lunch為1600日圓。**DATA** ☎099-296-1188 ⏸鹿兒島市上之園町1-1觀光交流センター2F ◷11時～14時30分LO及17時30分～21時LO ⊗無休 ⊗JR鹿兒島中央站東口步行5分 Ⓟ15輛 **MAP** P136B3

とんかつ かわきゅう
とんかつ 川久

盡情享用鹿兒島的美味豬肉

炸豬排的特色為「肉片厚、麵衣薄」。最大的魅力就是肉片的厚度。炸豬排主要是使用霧島產的ひなもりポーク，另有上黑豚ロースかつ定食2500日圓等使用黑豬肉的菜色。**DATA** ☎099-255-5414 ⏸鹿兒島市中央町21-13 ◷11時30分～14時30分LO、17時～21時30分LO ⊗週二 ⊗JR鹿兒島中央站東口步行3分 Ⓟ無 **MAP** P136A3

しゅさいこうぼう いちぜん
酒菜工房 いち膳

想在穩重氣氛中品嘗鹿兒島食材的話

這裡最有人氣的是使用鹿兒島縣產的OX豬及黑薩摩雞等鹿兒島食材的鄉土料理，以及由老闆嚴選的鮮魚所製作的無菜單宴會套餐等。這裡備有包廂，可以在美味料理與甘薯燒酒的陪伴下放鬆用餐。**DATA** ☎099-297-5170 ⏸鹿兒島市中央町25-13カナン中央A館1F ◷11時30分～13時30分LO、18～23時LO ⊗週日、第2、4週一 ⊗JR鹿兒島中央站東口步行5分 Ⓟ無 **MAP** P136A4

さつま くろぶたひゃっかん
薩摩 黑豚百寬

想吃「かごしま黑豚」的話

在這裡提供鹿兒島品牌豬肉鹿兒島黑豬肉，最有人氣的涮涮鍋及清蒸料理。涮涮鍋為昆布、柴魚的特製高湯，風味絕佳。**DATA** ☎099-255-1232 ⏸鹿兒島市西田2-20-9 ◷11時30分～14時LO、17時30分～22時LO ⊗不定休 ⊗JR鹿兒島中央站西口步行3分 Ⓟ有特約停車場(有補助) **MAP** P136A2

かごしまくろげわぎゅう なかやまくろうし ちゅうざんてい
鹿児島黑毛和牛 中山黑牛 中山亭

品嘗自家牧場飼育的黑毛和牛

自豪的牛肉，只採用位於鹿兒島縣西北部，自然豐郁的長島自營牧場中所飼育的黑毛和牛。五花肉午間套餐870日圓等，用合理價格享用高級的黑毛和牛。**DATA** ☎099-286-0757 ⏸鹿兒島市西田1-3-22 ◷11時30分～14時30分、17時30分～22時LO ⊗週日中午(若週一為假日則營業) ⊗JR鹿兒島中央站東口步行5分 Ⓟ有特約停車場 **MAP** P136B2

🕐 鳥門米門うまいもん。
とりもんまいもんうまいもん。

最自豪的是鹿兒島品牌雞肉和用爐灶炊煮的米飯

嚴選的「南國元氣雞」、用爐灶現炊的伊佐米、當季新鮮蔬菜等，在這間人氣居酒屋可以品嘗到鹿兒島的美味。串烤1串80日圓～，價格非常親民。因為很快就會客滿，建議先預約以免向隅。**DATA ☎**099-296-9629 **住**鹿兒島市中央町21-10-1F **🕐**17～24時 **休**最後的週日(逢假日則營業) **交**JR鹿兒島中央站東口步行3分 **P**無 **MAP**P136A3

🕐 焼酎庵　武三
しょうちゅうあん　たけぞう

鹿兒島的夜遊就以燒酒乾杯！

陳列著100種燒酒的酒櫃讓人印象深刻，店內為偏成熟的氣氛。不但提出需求，酒類會以鹿兒島特有的黑酒器提供。料理則有很多用燒酒很對味、使用了鹿兒島食材的菜色。**DATA ☎**099-255-8035 **住**鹿兒島市中央町7-1 **🕐**18～24時 **休**週日、第1週一(逢假日則營業) **交**JR鹿兒島中央站東口步行5分 **P**無 **MAP**P136B3

🌙 薩摩バルSoleil
さつまばるそれいゆ

最有人氣的是這裡才有的料理變化

主題為「以小酒館形態享用薩摩料理」的餐廳。除了提供加入鹿兒島食材的料理外，亦可以燒烤與油炸的料理方式品嘗到豬腦頰肉料理。葡萄酒及燒酒的種類也很豐富。**DATA ☎**099-230-0795 **住**鹿兒島市中央町2-11南ビル1F **🕐**18時～22時30分LO(週五、六為～23時30分LO) **休**週日、一 **交**JR鹿兒島中央站西口步行3分 **P**無 **MAP**P136B2

😊 Café&Trattoria Arbor
かふぇあんどとらっとりあ　あーばー

隱身於綠意中的義式小酒館

這間充滿綠意的義式小酒館雖然位在一出鹿兒島中央站西口的地方，卻有著像是身在郊外的氣氛。除了咖啡之外還有義大利麵、甜點，晚餐時段還提供正統義式料理及葡萄酒。**DATA ☎**099-258-3700 **住**鹿兒島市西田2-23-3-101 **🕐**11～22時(21時LO) **休**週二 **交**JR鹿兒島中央站西口步行3分 **P**無 **MAP**P136A2

😊 Café Anne
かふぇ　あん

午餐、下午茶都很合適的咖啡廳

這裡提供的料理及甜點，使用的是講究產地與季節的蔬菜、嚴選的調味料，對健康很有助益。午餐、盤餐、每週特餐、義大利麵等為1000日圓～，14時之後為提供手工甜點等的下午茶時間。**DATA ☎**099-204-7939 **住**鹿兒島市西田2-18-17-1F **🕐**11～16時(週五、六18～22時亦有營業) **休**週三、日 **交**JR鹿兒島中央站西口步行4分 **P**2輛 **MAP**P136A2

🛍 かるかん元祖　明石屋中央店
かるかんがんそ　あかしやちゅうおうてん

購買鹿兒島伴手禮「輕羹」

「輕羹」是鹿兒島的傳統點心。這是在島津齊彬(※P27)的命令下，使用天然的山藥、自然薯與米粉所製作，是口味高雅的炊蒸點心，作為鹿兒島伴手禮也很人氣。輕羹5片入1080日圓，包餡輕羹饅頭為5個入810日圓**DATA ☎**099-251-5533 **住**鹿兒島市中央町2-2 **🕐**9～19時 **休**無休 **交**JR鹿兒島中央站東口步行2分 **P**2輛 **MAP**P136B3

🍽 在中央站周邊吃鹿兒島的海鮮

鹿兒島三面臨海，在鹿兒島中央站周邊可以用合理價格享用新鮮海產。

ちりめん・しらす専門店　凪
ちりめん・しらすせんもんてん　なぎ

漁場價格的新鮮食材

水煮魩仔魚丼飯附有小盤配菜、醃漬物、湯品為630日圓。**DATA ☎**099-208-4104 **住**鹿兒島市中央町21-4永井ビル1F **🕐**10～21時(用餐為11時15分～14時30分LO、18～20時LO) **休**週四 **交**JR鹿兒島中央站東口步行1分 **P**無 **MAP**P136A3

黑まぐろ専門店　黑・紋
くろまぐろせんもんてん　くろ・もん

以親民價格品嘗海中的黑色寶石

可品嘗到奄美產的平價黑鮪魚。激推的是「極クロマグロ丼」1310日圓。**DATA ☎**099-251-5620 **住**鹿兒島市中央町19-26 **🕐**11時30分～14時30分LO・17時30分～22時30分LO **休**週二 **交**JR鹿兒島中央站東口步行1分 **P**無 **MAP**P136A3

漁業直営店　魚庄
ぎょぎょうちょくえいてん　うおしょう

由漁場直送當天現抓活跳魚產！

由主廚親切捕獲的魚產，在點餐後才開始殺魚，具口感的特級活鯖魚生魚片，1人份為1600日圓。**DATA ☎**099-250-2325 **住**鹿兒島市中央町24-18 **🕐**16～23時 **休**週一 **交**JR鹿兒島中央站東口步行5分 **P**無 **MAP**P136A4

📖 「鹿兒島中央站」在新幹線通車前的站名是人稱「西站」的「西鹿兒島站」。到現在也有人稱「鹿兒島中央站」為「西站」。

想了解鹿兒島的歷史的話
就前往維新故鄉館吧

鹿兒島孕育出多位支撐著明治維新的偉人，
想了解這樣的鹿兒島的歷史的話，首先就該前往「鹿兒島維新故鄉館」。

注目重點！
手和脖子的動作
就像真人一樣！

參觀時間
約1小時
30分

■西鄉等幕末名人全數登場的連續劇《通往維新的路》 ②《薩摩學生的西行》中的一幕 ③在1樓有華麗的篤姬展示空間 ④位在甲突川沿岸，春天時的櫻花樹相當美麗

かごしまし いしんふるさとかん
鹿兒島市
維新故鄉館

**完整學習鹿兒島的歷史
體驗型的歷史觀光設施**

西鄉隆盛等支撐著明治維新的偉人們、及幕末時期的薩摩風貌、鹿兒島相關資訊等全部濃縮其中的歷史觀光設施。在維新體感廳上映的連續劇是介紹幕末時期到明治時期的連續劇《通往維新的路》，有西鄉等偉人唯妙唯肖的機器人登場。可以透過視覺、聽覺、觸覺，來學習薩摩的歷史。

☎099-239-7700 住鹿兒島市加治屋町23-1 ¥300日圓 ⏰9～17時（入館～16時30分）🚌無休 🚃維新ふるさと館前巴士站步行即到 🅿24輛
MAP P136B3

何謂鄉中教育？

由年長者來指導年幼者，是薩摩的教育制度。武士階級的小孩在滿6～7歲時會進入鄉中，學習內容是從劍術到身為武士的意志皆有包含。西鄉隆盛也擔任鄉中的領導者，接受他指導的多數後輩也活躍於明治維新。

接待／岩下紘子小姐

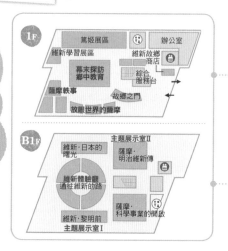

1F
篤姬展區
辦公室
維新學習展區
維新故鄉商店
幕末探訪鄉中教育
綜合服務台
薩摩軼事
故鄉之門
放眼世界的薩摩

B1F
維新・日本的曙光
主題展示室Ⅱ
薩摩・明治維新傳
維新體驗廳通往維新的路
薩摩・科學事業的開啟
維新・黎明前
主題展示室Ⅰ

日本第一部俄文辭典是由薩摩人編寫的

在江戶中期，因遇暴風而漂流至俄羅斯的薩摩少年GONZA。他編寫了《新斯拉夫·日本語辭典》等6本辭典與會話集，於21歲時辭世。在天文館有以他的名字命名的「GONZA街道」（MAP P137E3）。

\ 維新故鄉館的參觀景點 /

1F 英雄之路

幕末探訪鄉中教育

薩摩獨特的教育制度

在重現了下級武士生活的展示中，選擇名字、臉、服裝創造出登場的人物，並操作人物進行相撲、河邊玩水等模擬體驗的遊戲。遊戲也是過去鄉中教育的課綱之一。

用自己喜歡的角色來挑戰吧！

放眼世界的薩摩

「日之出」、「君之代」的源起

嘉永6年(1853)時在薩摩開始造船，第一艘西式軍艦「昇平丸」上揚起的旗子圖案就是日本國旗「日之丸」，而薩摩琵琶名曲其中一段歌詞搭上旋律後，就是日本國歌〈君之代〉的起源。

和現在完全不同曲調的〈君之代〉讓人好驚訝！

薩摩軼事

西鄉隆盛意外的是高個子！

西鄉隆盛的身高178cm、體重108～120kg。大久保利通則是178cm、70kg，兩個人在幕末到明治時期都算是高個子。尤其是體格壯碩的西鄉更是醒目！

穿上西鄉尺寸的軍服拍張記念照吧！

B1F 維新之道

體驗廳

真實體驗幕末時期

有西鄉隆盛等偉人的機器人登場的《通往維新之路》，表情和動作唯妙唯肖，以及真人與CG構成的連續劇《薩摩學生的西行》，會交互上映（前者7次，後者6次）。

不只前方，座位後方的箱子也有角色會出現！

主題展示室1

解說幕末劇變的模樣

透過立體模型、影像等，清楚易懂地解說日本教科書裡的薩長同盟、王政復古、倒幕等幕末到明治維新為止主要事件與薩摩的風貌。日本近代史的學習靠這個應該就夠了!?

在銀鹽相機前擺個姿勢吧

主題展示室1

快樂學習集成館事業

幕末的薩摩藩主·島津齊彬所推廣的造船、紡織、製鐵等的「集成館事業」裡，盡是現代生活不可欠缺的技術。在這個空間中可以透過模型等來學習關於集成館事業的知識。

挑戰幕末的問答題！你能答對幾題呢？

\ 還有還有！薩摩的歷史景點 /

れきしろ〜どいしんふるさとのみち
歷史大道「維新故鄉之路」

位在甲突川沿岸的綠地帶的歷史景點，有介紹鄉中教育基礎所使用的47首「伊呂波之歌」的看板、重現下級武士的住所等設施。

☎099-298-5111（觀光交流中心）住鹿兒島市加治屋町 営Y休無¥可自由參觀 交維新ふるさと館巴士站前步行即到 P無 MAP P136BC3·4

入口廣場的是大手門的風格（高麗橋側）

さいごうたかもり·じゅうどうたんじょうち
西鄉隆盛·從道誕生地

就位在維新故鄉館附近，現在只有標示2人誕生地的石碑。西鄉從道為西鄉隆盛的弟弟，在園內也放置了原本在東京·目黑的從道邸中的庭園石。

☎099-298-5111（觀光交流中心）住鹿兒島市加治屋町 営Y休無¥可自由參觀 交維新ふるさと館前巴士站步行即到 P無 MAP P136C3

在這個寧靜的地方懷想著西鄉隆盛

 綜合服務台附近的維新故鄉商店有銷售以火山灰製作的偉人人偶及T恤等限定商品。

重點看過來！

來吃名產
刨冰·白熊吧

說到鹿兒島就是白熊刨冰，來親自吃看看吧
（☞P36）

重點看過來！

在夜晚的天文館
享用正統的燒酒

在居酒屋可以品嚐美味料理及各式各樣的燒酒
（☞P38）

重點看過來！

前往鹿兒島最熱鬧的天文館

傳達人氣商店、甜點等最新資訊的市中心
（☞P34）

漫步在歷史悠久的鹿兒島最繁華街道

天文館
てんもんかん

在天文館可以吃到鹿兒島的代名詞「白熊」
（☞P36）

是這樣的地方

說到鹿兒島最繁華的地方，就是天文館。電車通的北側為百貨公司、商店、咖啡廳等聚集的拱廊商店街，南側是太陽下山後逐漸熱鬧的餐飲區…。不同街道就有不一樣的氣氛。在這裡有很多鹿兒島美食的名店，是鹿兒島市區觀光不可或缺的區域。

天文館就在這裡！

仙巖園

鹿兒島站

城山

天文館

鹿兒島中央站

櫻島

a c c e s s

●從鹿兒島中央站出發
從鹿兒島中央站前電車站搭乘往鹿兒島站的市電6分，在天文館通電車站下車即到。或往前車程2分的石燈籠通站下車。

●從鹿兒島中央站巴士轉運東5、6號
搭巴士車程5分，在天文館站下車即到

洽詢 ☎099-298-5111
（觀光交流中心）

～天文館 快速導覽MAP～

七味小路・グルメ通也值得推薦。
從TENPARK通走進來，就會看到一整排人氣商店。

也來逛逛當地的百貨公司
山形屋有薩摩炸魚餅和甘薯燒酒等，是伴手禮的寶庫！

- 照國神社
- 照國文庫資料室
- 西鄉隆盛銅像 10

西鄉銅像前

宝山ホール

縣立博物館

中央公園

鹿兒島東郵局

ホテル吹上荘

3 照國通り

三平らーめん・照國本店

ザビエル教会新聖堂

千石馬場通り
ザビエル公園前

西本願寺鹿児島別院

58

朝日通電車站
往海豚碼頭

朝日通電車站

薩比埃爾公園

ホテル&レジデンス南洲館

七味小路

セピア通り

グルメ通り・七味小路 4

よしみ屋ラーメン

グルメ通

225

天街沙龍

天神Piramall商街

示現流兵法所史料館

ラーメン専門むらさき
にぎわい通り

天文館跡の碑

Loco cantine じもとの食堂

照国神社前通り郵便

山形屋

山形屋What 5
（☞P75）

金生町

天文館 菓々子橫丁 3
（☞P34）

雷姆鹿児島飯店

観光物産館 池畑天文堂

天文館通電車站

石燈籠通電車站

金生町

高見馬場

高見馬場

大国主神社

娛樂區的入口為G3拱廊
日落才開始熱鬧的千日・山之口町，起點就在這裡。

黒福多

文化通り

天文館むじゃき 2
（☞P36）

市電(1・2系統)

天文館フェスティバロ

亜欧旬感グリル夜光杯 1
（☞P42）

マルヤガーデンズ

いづろ

いづろ

いづろ

照国通り

大門口通り

往鹿児島中央前電車站

往仙巌園

往鹿児島中央

往南鹿児島

0 100m

観光的提要
全天候拱廊商店街很方便
除了下雨天，當櫻島降灰時，以天文館通電車站為中心的兩側有拱廊型商店街，讓逛街購物更舒適。

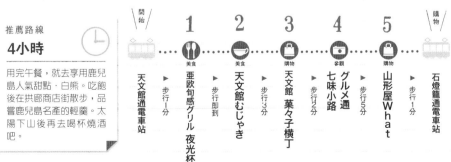

推薦路線
4小時

用完午餐，就去享用鹿兒島人氣甜點・白熊。吃飽後在拱廊商店街散步，品嘗鹿兒島名產的輕羹。太陽下山後再去喝杯燒酒吧。

開始

1 美食 → **2** 美食 → **3** 購物 → **4** 參觀 → **5** 購物 → 購物

天文館通電車站 → 亜欧旬感グリル 夜光杯 → 天文館むじゃき → 天文館 菓々子橫丁 → グルメ通 七味小路 → 山形屋What → 石燈籠通電車站

步行1分 ／ 步行即到 ／ 步行3分 ／ 步行2分 ／ 步行5分 ／ 步行1分

天文館

天文館必去的
特色店家

在鹿兒島的鬧區·天文館，有著只有在這裡才有的店家和空間。
有當地藝術家的作品和人氣甜點，請來尋找你的珍寶。

ちまちまやざっかてん

チマチマ屋雑貨店 （雑貨）

綜合了雜貨與咖啡廳與酒吧
充滿木頭溫度的空間

店裡陳列了鹿兒島縣內各地的手工作家的飾品及雜貨，不只是軟性飲料，晚上的含酒精飲料也不收取開桌費。是可以悠閒休憩的舒適空間。這裡也有豐富的墜飾種類，由擁有講師資格的老闆細心指導，手工體驗的費用為材料費+1杯飲料。

☎099-213-9148 🏠鹿兒島市東千石町6-3天文館七味小路ビル3F ⏰18～22時LO（週五、六為11～23時LO，週日為11～16時30分LO）🈺無休 🅿無 🚋天文館通電車站步行5分
MAP P137F4

■全部手工打造的店內裝潢！讓人流連忘返的氣氛 ■由羊毛氈作家friend sheep製作，各有不同表情的羊毛氈布偶945日圓～

てんもんかんさつまじょうきや　かかしよこちょう

天文館薩摩蒸氣屋 菓々子横丁 （點心）

散布在小巷中的點心世界

薩摩蒸気屋因為鹿兒島的招牌伴手禮「かすたどん」而聞名，而薩摩蒸氣屋的魅力就濃縮在這間商店中。在深度約50m的細長型店面裡，有銷售和菓子和點心的專櫃外，還有陶器及屋久杉製品的專櫃。在2樓還有「茶芳珈花子」（→p36）、畫廊。因為可以貫穿店面而過，就像是走過一條小巷一樣。另外在現場表演製作的「焼きどうなつ」1個76日圓，也是人氣伴手禮商品。

☎099-222-0648 🏠鹿児島市東千石町13-14 ⏰8時30分～21時30分 🈺無休 🚋天文館通電車站步行即到 🅿無 MAP P137D3

■店內一個個手工烤製，甜甜的香氣讓人食指大動。原味1個76日圓 ■店內裝滿使用了大量的木材，也有可以坐下來休息的空間

有咖啡廳有餐廳
不知道要吃什麼時
到グルメ通
就對了！

距離天文館拱廊商店街約100m的小巷裡，有一條充滿個性咖啡廳、餐廳老店等的「グルメ通」 MAP P137F4。不知道要吃什麼的時候，就走來這邊看看吧。

でぃあんどでぱーとめんと かごしまばいまるや
D&DEPARTMENT KAGOSHIMA by MARUYA 選貨店

提供為日常生活加分的雜貨

店內盡是不受流行影響的基本設計，與兼具實用性的「LONG LIFE DESIGN」的家具與雜貨。另外也備有種類豐富的伴手禮，茶葉、點心、特產加工品等鹿兒島的名產品與傳統工藝品，都是鹿兒島生產的講究商品。

以屋久島有機栽培茶葉製作的烏龍茶(右)1080日圓與紅茶1296日圓

☎099-248-7804
住鹿児島市呉服町6-5マルヤガーデンズ4F ⏰10～20時 休不定期休 交石燈籠通電車站附近 P347輛(購物滿2000日圓以上免費停車2小時) MAP P137E3

這裡也會舉辦企畫展或研討會，將鹿兒島傳統傳承至下個世代

店裡陳列的自家品牌茶葉也提供試喝

わこうえん かごしまてん
和香園 鹿兒島店 茶葉

陳列工廠直送日本茶的商店

這間日本茶專賣店所提供的茶葉，在最接近生態系的環境下栽種、並在自家工廠中製作，是令人安心且安全。除了販售有深度濃郁與香氣的「綠茶傳說」，及可完整品嘗茶葉的「あらびき茶」、以茶葉×健康為主題的TEAET等原創品牌之外，在店內也有飲茶的空間，並提供附和菓子的煎茶套餐400日圓。

TEAET各864日圓。茶包(左)、目掛式茶包(右)，另也有粉狀的種類

☎0120-256-168
住鹿児島市金生町7-9金生町TMビル1F ⏰9～19時 休無休 交朝日通電車站步行3分 P無 MAP P137E3

おうる
OWL 選貨店

來尋找可以長久使用的物品

在距離天文館稍遠的GONZA街(→P31)，店面的標記是貓頭鷹的圖案。雖然簡單卻很時尚，且具實用性的雜貨，是由當地作家親手製作，還有來自世界各地的品牌，收集的商品範圍廣泛。慢慢看的話，一定會遇到觸發自己感性的商品。

由當地作家製作的COFFEE MEASURE 3780日圓

以紅淡比樹製作的木鏟1300日圓

☎099-222-0357
住鹿児島市東千石町14-16矢上ビル2F ⏰11～19時 休無休 交天文館通電車站步行2分 P無 MAP P137E3

從街道走上2樓，就是個時髦的空間

在日本宣揚基督教的薩比埃爾一開始抵達的地方就是鹿兒島。他的銅像立在薩比埃爾公園(MAP P137D2)中。

說到當地甜點就是這個
放了滿滿水果的「白熊」

名字讓人驚喜，味道也很可口的「白熊」是鹿兒島著名的刨冰。
從元祖到變化版，你喜歡哪一種的白熊呢？

白熊是什麼？

昭和22年(1947)由「天文館むじゃき」所發明的刨冰。據說是在白色的刨冰上面放了裝飾的葡萄乾後，因為像白熊的臉而取了這個名稱。

配料
除了蜜柑、哈密瓜之外，不能少的是呈現白熊眼睛的葡萄乾

刨冰
蓬鬆的刨冰是用刀削製作的，一入口就會瞬間溶化

牛奶·蜜醬
雖然很甜但餘味清淡，這個秘傳口味的製法只有老闆父子才知道

白熊
720日圓

也推薦這個！

手拿白熊
450日圓

てんもんかんむじゃき
天文館むじゃき

元祖的白熊，排隊也想吃！

這裡是聞名日本的鹿兒島「白熊」創始店。當地人和各地的觀光客讓店裡時常是門庭若市。「白熊」的特色是有著清淡甜味的秘傳牛奶淋醬。另外每年6月在「白熊誕生祭」推出的限定復刻版「なつかしろくま」720日圓、「南海の黑熊」720日圓、淋上燒酒蜜的「燒酎みぞれ」660日圓等，有豐富的變化。

☎099-222-6904 鹿兒島市千日町5-8
⏰11～22時(7～8月、週日、假日為10時～)
不定期休 天文館通電車站步行3分 無
MAPP137D3

さぼう かかし
茶房 珈花子

可以自己擺放配料

位在「天文館薩摩蒸氣屋 菓々子横丁」(→P34)2樓的茶房，最有人氣的是淋上黑蜜的刨冰。端上桌時只放了香草冰淇淋，可以自由擺上另外送來的湯圓和水饅頭，來完成屬於自己的原創「黑熊」吧。

☎099-222-0648 鹿兒島市東千石町13-14
菓々子横丁2F ⏰10～19時LO(週六、日為～19時30分LO) 無休 天文館通電車停步行即到
無 **MAP**P137D3

先出場的是這2碗…

▶湯圓等可依自己喜好作裝飾，就完成黑熊了！

黑熊
550日圓

天文館是白熊的話，霧島就用小鹿決勝負!?

霧島觀光的據點，霧島溫泉市場內的「coffee house空のふもと」（→P93)有提供夏季限定的咖啡歐蕾口味的小鹿冰沙600日圓。可愛程度不輸白熊，要來品嘗看看嗎？

`天文館`

さんでhere－ごこーひー すうがくかふぇ

SANDECO COFFEE 数学カフェ

可愛的3D白熊迷倒眾人！

在色彩豐富的水果圍繞中，有著立體的白熊的刨冰「フルーツ溫泉しろくまの湯」。有不敗的煉乳口味和辛香料口味供選擇，是可以2～3個人分食的尺寸。

☎099-213-9533 🏠鹿児島市名山町4-1名山ビル2F ⏰10～17時LO 🈚週二、三 🚃市政府前電車站步行2分 🅿無 `MAP`P137F2

▶水果有7～8種，會依季節而有不同

フルーツ溫泉しろくまの湯
1800日圓

◀放滿水果很棒耶！為5～9月底的期間限定商品

ジェラートやさんのしろくま
800日圓

`天文館`

はなのきれいかどうどるふぃんぽーとてん

花の木冷菓堂 海豚碼頭店

白熊與義式冰淇淋的精采合作

使用自家農場及當地食材的義式冰淇淋人氣店家所推出夏季限定的白熊。在刨冰上放了新鮮水果，裡面則是牛奶口味的義式冰淇淋，和其他店稍有不同的口味值得注目。來品嘗看看炎熱的季節才有的溫和口味的白熊和義式冰淇淋吧。

☎090-7536-4317 🏠鹿児島市本港新町5-4海豚碼頭1F ⏰10～20時(週六、日、假日為9時～) 🈚無休 🚃ドルフィンポート巴士站附近 🅿750台架(30分鐘免費) `MAP`P137F3

`天文館`

かふぇかのじょのいえ てんもんかんてん

カフェ彼女の家 天文館店

充分品嘗芒果的美味

吸引人目光的鮮艷黃色是很有南國氣氛的芒果醬。「黃熊」大方地放上大塊芒果果肉，徹底抓住女生的心。因為分量很多，建議可以2個人一起享用。

☎099-223-2888 🏠鹿児島市東千石町8-18ストーンビル地下1F ⏰11時～21時30分LO(非假日前日的週日為20時30分LO) 🈚無休 🚃天文館通電車站步行3分 🅿無 `MAP`P137F4

▶高度約25cm，讓人笑出來的程度。吃法好像也需要一點訣竅!?

黃熊
780日圓

📖ℹ️ 「天文館むじゃき」在JR鹿兒島中央站都接的AMU PLAZA鹿兒島（→P25）地下1樓也有分店。

喝著店家推薦的燒酒
渡過天文館的夜晚吧

說到鹿兒島最有名的就是甘薯燒酒。不管是燒酒愛好者
或初嘗試的人，來到鹿兒島就請期待與美味燒酒邂逅吧

放了約10種當季鮮魚的生魚片拼盤（2人份2980日圓）

鹿兒島中央站
せんごく がおりゅう
鮮極 GAORYU 高柳

和鮮魚超對味的燒酒一起享用

最自豪的是使用當季鮮魚、黑豬肉、土雞等鹿兒島特有食材製作的料理。是由選購鮮魚高手的老闆每天早上到市場進貨，可以吃到當天最美味的魚。和常備的70種類燒酒一起享用。

☎099-255-5139 住鹿兒島市中央町5-4鎌田ビル1・2階 ●18～24時 休週日（逢連休則為連休最終日）交JR鹿兒島中央站東口步行4分 P無 MAP P136B3

推薦名酒

有活力的店員帶著開朗的笑容迎接客人

あさひ
朝日
1杯480日圓
朝日酒廠。位在奄美大島東方位圈的喜界島的黑糖燒酒。因為比甘薯燒酒順口，適合第一次嘗試燒酒的人

しょくさいつくも
食彩九十九

享用豐富膠原蛋白「もちなん」

這裡最有人氣的料理是口感Q彈、入口即化的黑豬軟骨「もちなん」。而被稱為「3M燒酒」的「森伊蔵」、「村尾」、「魔王」，在這裡提供小酒杯試飲1800日圓，特別受到觀光客的好評。

☎099-222-8992 住鹿兒島市山之口町8-43ホワイトパールビル1F ●18時～翌日0時30分LO（週日、假日為～22時30分LO）休不定期休 交天文館通電車站步行4分 P無 MAP P137D3

もりいぞう
森伊蔵
1杯1000日圓
森伊蔵酒廠。將契約栽種的甘薯裝進甕壺釀造的甘薯燒酒，有著不敗的人氣

推薦名酒

店內寬敞，也備有吧台席

有豐富膠原蛋白的「黑豚なんこつもちなん」為1000日圓

38

想走走喝喝
就到千日・山之口
區域

在天文館偏中央的位置往東西向延伸的電車通，北側有很多百貨公司及商店，南側則有不少餐飲店。想要享受「夜晚的天文館」，就從電車通往南側的「千日町、山之口町」（MAP P137D3）出發吧。

天文館
ばー えすえーおー
BAR S.A.O
燒酒酒吧的先驅

老闆親自訪問店裡銷售燒酒的酒廠，並將酒廠的模樣及造酒者的心意傳達給客人。「佐藤」、「小牧」是用酒廠製酒時使用的水製作「前割」(事先以水稀釋後陳放3～7天)(→P40)。手工製作豬肉味噌648日圓及土雞生切片756日圓，也可以從姊妹店外訂其他料理。

☎099-239-4461 住鹿児島市千日町8-14貴剛ビルB1F ⏰19時～翌日4時 休不定期休 交天文館通電停步行5分 P無
MAP P137D3

做成前割的佐藤與富乃寶山，各540日圓

ぷにせ
不二才
1杯540日圓
佐多宗二商店。可以品嘗到甘薯燒酒原來的美味，是酒通也喜歡的品牌。

和店員的對話也很開心

天文館
しょうちゅう ささくら
燒酎 酒々蔵.
有縣內約500種燒酒！

這間燒酒酒吧最驚人的就是它的豐富酒類。鹿兒島縣內的燒酒約有500種類，如果不知如何選擇時，可以詢問店員推薦的酒，或是選擇半價的「HALF SIZE」，多喝幾種來作比較。

☎099-224-1356 住鹿児島市山之口町9-17 上原薬局ビル1F ⏰18時30分～翌日2時45分LO(餐點為～翌日2時30分LO)。週日・假日為～翌日1時45分LO，餐點為～翌日1時30分LO)休第3週日 交天文館通電車站步行3分 P無 MAP P137D3

燒酒燉黑豬肉918日圓（前方）、山川產鰹魚肚皮648日圓

いきてづくり ごだいめわすけ
粋手造り 五代目和助
1杯594日圓
白金酒廠。特色是品嘗得到濃厚甘薯甘甜的手工製作燒酒

吧台陳列著一整面的燒酒

天文館
さつまだれやめどころ まえわりや
薩摩だれやめ処
まえわり屋
提前稀釋燒酒與美味食物

前割（→P40）燒酒以鹿兒島縣內酒廠為主，約有60種類。燒酒因為提前稀釋使口感變得溫和，可以直接加冰塊、或加熱後享用。前割燒酒和北薩摩的雞肉、魚干，一定要一起品嘗。

☎099-295-3308 住鹿児島市千日町151-4F ⏰17時30分～24時入店 休不定期休 交天文館通電車站步行即到 P無
MAP P137D3

有著獨特口感與風味的自製薩摩炸魚餅486日圓

あくねし
莫祢氏(前割)
1杯497日圓
大石酒廠。使用シロユタカ甘薯品種及黑酒麴所釀造

陳列著是提前稀釋用的酒瓶

有種說法是因為要搭配口味清淡的燒酒，所以鹿兒島的鄉土料理相較於其他地區口味偏甜。

39

說到鹿兒島就是燒酒
為了更加美味享用的燒酒知識

據說鹿兒島的燒酒種類有1000種以上。
可了解燒酒的種類以及各種喝法。

Q 燒酒是從什麼時候開始飲用的呢？

**A 從至少450年前，
但一開始是以雜穀釀造的**

燒酒是在至少450年前開始釀造，而甘薯燒酒是寶永2年(1705)時甘薯從琉球引進後才開始釀造。

日本最古老留有「燒酒」文字的伊佐市大口的郡山八幡神社
MAP 隨身地圖D1

Q 什麼是薩摩燒酒？

**A 使用鹿兒島產的甘薯及水，
在鹿兒島縣內釀造的正統燒酒**

在鹿兒島所釀造的「薩摩燒酒」，和葡萄酒的波爾多及威士忌的蘇格蘭等一樣，是受WTO世界貿易組織協定所指定的產地，已是聞名世界的酒。

SATSUMA
SHOCHU

有這個標章的燒酒就表示為「薩摩燒酒」

Q 黑・白・黃麴的顏色和口味有何關係？

**A 依麴的顏色和種類，
燒酒的口味也會有變化**

會大幅影響燒酒口味的麴，能讓口味帶勁的是黑麴，讓口味變溫和的是白麴，而可以帶出有如日本酒般清爽口味的是黃麴。在試飲的時候，連同麴的種類也一起確認會更有趣。

也稱為「クロイサ」的「黑伊佐錦」大口酒廠

代表鹿兒島的「白波」薩摩酒造

打開了黃麴知名度的「小鶴黃麴」小正釀造

Q 想知道當地的喝法！

**A 依喜好有很多方式，
但主要有2種喝法**

以熱水六四比例稀釋
主流是先將分量4的熱水倒入杯中，再倒入分量6的燒酒進行稀釋。依身體狀況和心情也可以增減燒酒的量。而在當地不會加入梅干。

前割
在喝的1天～數天前以水進行稀釋。這個步驟會讓口味變得溫和。基本上燒酒和水的比例是1：1，這個也可以依喜好作增減。單喝、加冰塊、溫熱，喝法也有很多種。有些店家會提供前割的燒酒，可以詢問看看。

內行人的喝法

鹿兒島獨特的黑酒器，最適合用來裝前割的燒酒

Q 黑糖燒酒是怎麼樣的燒酒？

A 只允許在奄美群島釀造的燒酒

比甘薯燒酒更柔和的口感

正式開始釀造是在第二次世界大戰後的美國統治時代。當時在奄美群島用黑糖取代米來釀造，在昭和28年(1953)奄美群島返還給日本時，因為以黑糖為原料的酒無法認定為燒酒，而被課以高稅率。為了減輕島民的經濟負擔，以使用米麴為條件，只允許在奄美群島釀造。

將黑糖燒酒原料黑砂糖溶化的工序

在「一次醪」裡加進溶化的黑砂糖，經過發酵後再進行蒸餾

Q 燒酒對身體很好是真的嗎？

A 與其他酒類相比熱量較低，較健康

因為燒酒屬於蒸餾酒，在蒸餾過程中糖分會蒸發，酒精的熱量比其他的酒類還低。而且有增加良性膽固醇、溶解血栓、飲用後血糖值不易昇高等功效。而用熱水或水稀釋後酒精濃度降低，可以喝得更健康。最重要的是開心的適度飲酒，也有助消解精神壓力。

Q 可以喝到燒酒的店家多嗎？

有很多燒酒專門酒吧或居酒屋等皆備有種類齊全的燒酒

一般來說鹿兒島說到酒指的就是燒酒。在天文館的居酒屋(※P38)之外，也有很多店家提供種類齊全的燒酒，多加嘗試後找尋最中意的酒也不錯。

しょくさいあんどじしょうちゅう やのじ
食彩and地燒酎 家のじ

約150種講究的燒酒，1杯400日圓～。從市場直送的魚類、黑豬肉等料理也是自家商品。

座深的吧位刻燒台讓酒陳也人列有了了一包滿印滿象滿

☎099-239-2777 ⬛鹿兒島市東千石町5-29 ⬛18～24時LO ⬛月曜(逢假日則營業、翌日休) ⬛天文館通電車站步行5分 ⬛無 MAP P137F4

Q 有地區限定的燒酒嗎？

A 有鹿兒島縣內限定，或酒廠所在地區限定的燒酒

種類多達1000種以上的燒酒當中，有僅在鹿兒島縣內，或只在酒廠的所在地才買得到的燒酒。例如天璋院篤姬的淵源地．指宿的中俣合名的「渚の篤 御殿」就只限定在指宿銷售。特色是以黑麴釀造而有著像篤姬一樣凜然的風味。在探訪各地時，可以在當地的酒舖或飯店、公路休息站仔細找找。

なぎさのあつひめごてん
渚の篤姫御殿
問☎0993-27-9181(中俣合名会社)
500㎖ 1419日圓(盒裝)

可參觀酒的釀造過程

只喝燒酒不夠過癮！那到酒廠參觀吧。

鹿兒島郊外
さつまごじゅうぐら/がれりあ ほんぽう
薩摩鄉中蔵/GALLERIA HOMBO

主要名酒
黑麴仕立て桜島

在「薩摩鄉中蔵」為了傳達正統燒酒製作的全貌，開放給民眾進入近距離參觀。併設的「GALLERIA HONBO」不只有燒酒，還提供梅酒的試喝、銷售。

外觀的設計傳達出著從前燒酒廠的氣氛

☎099-822-7011 ⬛鹿兒島市南栄3-27 ⬛免費 ⬛10時～15時30分(參觀登記～15時) ⬛週六、日、假日 ⬛JR谷山站車程10分 ⬛22輛 MAP P61A1 ※參觀需事先預約

鹿兒島郊外
むそうぐら
無双蔵　| 主要名酒 | さつま無双 |

在酒廠可以參觀到以甕釀造的傳統製法，及縣內少見的木桶蒸餾器的蒸餾過程。而在氣氛沉穩的商店裡不但可以悠閒地試喝和品酒，也提供無双蔵的限定商品和縣內各地酒廠的酒類的銷售。

位在新幹線沿線上，標記是巨大的一升瓶的招牌

☎0120-606-069 ⬛鹿兒島市七ツ島1-1-17 ⬛免費 ⬛9～17時 ⬛無休 ⬛JR谷山站車程15分 ⬛15輛 MAP P61A2 ※參觀需事先預約

指宿
しらつゆしゅぞう
白露酒造　| 主要名酒 | 白露、白露黑麴 |

指宿市山川位在薩摩半島最南端可一望開聞岳的位置，主要使用的是優質天然軟水與鹿兒島縣產的高品質甘薯，黃金千貫。以傳統的製法釀造，花費約1年的時間進行熟成，創造出更有深度的口味。

所在地的指宿市山川就是甘薯被引進鹿兒島的地點

☎0993-35-2000 ⬛指宿市山川大山987 ⬛免費 ⬛9～16時 ⬛週日、假日(週六為不定期休) ⬛JR指宿站車程15分 ⬛10輛 MAP P139B4 ※參觀需事先預約

不妨到這裡走走

天文館周邊的推薦景點

⚫ いおわーるど かごしますいぞくかん
IO WORLD 鹿兒島水族館

可以見到鯨鯊的水族館

展示了以鹿兒島的海洋生物為中心約500種類、3萬隻生物。展示鯨鯊的黑潮大水槽非常具有魅力。觀眾參與互動的「海豚時間」等，每天都有很充實的活動。**DATA** ☎099-226-2233 **住**鹿兒島市本港新町3-1 **¥**1500日圓 **◎**9時30分～18時(入館為～17時) **休**12月的第1週一、週四 **交**かごしま水族館前巴士站步行即到 **P**500輛(1小時免費) **MAP**P134C3

鯨鯊優雅的泳姿讓人感動！

水族館前與海相連的室外水道，也有能近距離觀看的海豚秀

🍴 あおうしゅんかんぐりる やこうはい
亞歐旬感グリル 夜光杯

在天文館品嘗義大利料理

午餐的主菜有比薩和義大利麵等供選擇，附有自助吧及1杯飲料。晚餐則是除了義大利料理外，還有套餐2500日圓～。來這裡品嘗鹿兒島當季的食材吧。**DATA** ☎099-239-0070 **住**鹿兒島市千日町14-28 鹿兒島天文館里士滿飯店1F **◎**11～15時LO、17時～22時30分LO **休**無休 **交**天文館通電停步行2分 **P**無 **MAP**P137E3

🍴 おーるうえいずかふぇ
ALWAYS CAFE

受女生歡迎的木質咖啡廳

在充滿木頭溫暖風格的店內所提供的，是從麵包到肉醬、醬汁都充滿堅持的漢堡。最推薦的是ALWAYS BURGER佐起司864日圓 **DATA** ☎099-294-9770 **住**鹿兒島市東千石町17-17フラミンゴアパート2F **◎**11時30分～14時30分LO、18時～22時30分LO(週六為～翌日0時30分LO) **休**週三 **交**天文館通電車站步行5分 **P**無 **MAP**P137E2

🍴 すてーきはうす わぎゅうもん
ステーキハウス 和牛門

一定要來嘗試最高級的鹿兒島黑毛和牛

由肉品中盤商直營的餐廳。在這裡可以享用到優質的鹿兒島黑毛和牛的牛排。吧台邊的話還可以在欣賞在面前煎牛排的過程，更加激發食慾。套餐為3800日圓～、午餐為1000日圓～。**DATA** ☎099-227-7994 **住**鹿兒島市山之口町8-20 **◎**11時30分～14時30分LO、18～23時LO **休**週一 **交**天文館通電車站步行5分 **P**無 **MAP**P137D3

🍴 ろこ きゃんてぃーん じもとのしょくどう
Loco cantine じもとの食堂

用餐、甜點，連酒也有的咖啡廳食堂

使用60%生乳製作的濃郁霜淇淋等甜點很有人氣外，天文館熱狗午餐、烤起司拿坡里義大利麵午餐等店家原創菜色也很豐富。和種類豐富的酒精飲料一起享用吧。**DATA** ☎090-6420-1065 **住**鹿兒島市中町4-3原園硝子ビル2F **◎**11時30分～20時15分LO(午餐為～15時LO) **休**週二 **交**天文館通電車站步行3分 **P**無 **MAP**P137E2

🍴 ぶらっすりー うぁんだんじゅ
Brasserie Vendange

在休閒氣氛中享用法國料理

作為咖啡廳、法式餐廳、葡萄酒吧使用，都可感受到法國精神，是很受當地居民歡迎的法國餐廳。以品酒師老闆推薦的葡萄酒，搭配鹿兒島食材為中心的法國料理，可以單點也有提供套餐。**DATA** ☎099-226-2729 **住**鹿兒島市東千石町238福楽園ビル1F内側 **◎**11時30分～14時LO、17～24時(週末為～翌日2時) **休**週日 **交**天文館通電車站步行5分 **P**無 **MAP**P137D3

🍴 かれん かごしまてん
華蓮 鹿兒島店

提供JA認證的安心食材

JA鹿兒島縣經濟連合會的直營店，使用鹿兒島黑豬肉、黑牛、黑薩摩雞、當季蔬菜等食材。其中鹿兒島黑豬肉的料理除了招牌的涮涮鍋外，也有清蒸及煎豬排、壽喜燒等料理方式。**DATA** ☎099-223-8877 **住**鹿兒島市山之口町3-12 **◎**11時30分～13時30分LO、17時30分～22時LO(週日、假日為～21時LO) **休**第3個週日 **交**高見馬場電車站步行5分 **P**無 **MAP**P137D3

🍴 さつまや いづろてん
薩摩家 いづろ店

薩摩炸魚餅變漢堡了！

由薩摩炸魚餅專賣店所製作的漢堡，是將加了蝦肉塊的薩摩炸魚餅夾在米飯中，有半熟蛋、什錦燒等3種口味。另外還有加了豆漿的調製飲料與豆漿拿鐵210日圓～等，因為可以内用，搭配漢堡一起享用吧。**DATA** ☎0120-13-3208 **住**鹿兒島市金生町7-6 **◎**10～20時 **休**不定期休 **交**石燈籠通電車站步行2分 **P**無 **MAP**P137E3

のうさぎのおか
野うさぎの丘

與器皿展示廊併設的咖啡廳

這裡是陶窯位在日置市的「風木野陶」的器皿展示廳中併設的咖啡廳。餐點有每日午餐和蛋糕套餐等各600日圓～。自家焙煎的咖啡為300日圓。16時之後會變身為小酒吧。2樓的畫廊也很有人氣。**DATA** ☎099-219-3337 ⊞鹿兒島市東千石町3-45 ⏰11～21時 休週日、一 交天文館通電車站步行6分 P無 MAP P137D2

わっふるあんどかふぇ るーか
WAFFLE and CAFE LU-CA.

也可以享用正餐的鬆餅專賣店

從用水果及鮮奶油裝飾的水果類，到用小香腸與馬鈴薯泥當配料的輕食類，鬆餅都是外酥內Q的口感。1天限定15份的LU-CA午餐950日圓也值得推薦。**DATA** ☎080-9142-4616 ⊞鹿兒島市東千石町20-19 ⏰11～18時LO(午餐為11時30分～14時30分LO) 休週四 交天文館通電車站步行5分 P無 MAP P137E2

ほんかくしょうちゅうばー いしずえ
本格燒酎Bar 礎

收集鹿兒島全部酒廠燒酒的專門酒吧

老闆擁有日本酒學講師(燒酒學、日本酒學)、Beer Advisor、品酒師等資格，由他在此傳達燒酒的美味。店內使用的水和冰塊全是使用鹿兒島縣產的天然水「高牧の森の水」。**DATA** ☎099-227-0125 ⊞鹿兒島市千日町6-1天文館フラワービル4F ⏰20時～翌日3時 休不定期休 交天文館通電車站步行3分 P無 MAP P137D3

ぱー まのす
Bar 魔の巣

在遠離天文館的隱密酒吧微醺

遠離天文館的喧囂，一個人來也可以靜下心來喝酒的酒吧。單麥威士忌900日圓～等嚴選洋酒，及以鹿兒島縣產的季節水果製作的原創雞尾酒900日圓～等。開桌費為500日圓。**DATA** ☎099-239-8081 ⊞鹿兒島市東千石町5-17 Tビル3F ⏰18時～翌日2時(週五、六、假日前為～翌日3時) 休週日、假日 交天文館通電車站步行4分 P無 MAP P137F4

てんもんかんまちのえき ゆめりあ
天文館まちの駅 ゆめりあ

收集了鹿兒島的「良品」

有鹿兒島市郊外產地直送的蔬菜，和鄉土零食的艾草丸子和GARAPPA最中餅等當地特有的最中餅、手工家常菜等，都是長年受到當地居民喜愛的縣內各地逸品。季節商品隨時進貨。想找不一樣的伴手禮的話一定要來這裡逛逛。**DATA** ☎099-226-8603 ⊞鹿兒島市東千石町8-24 ⏰9～19時 休無休 交天文館通電停步行4分 P無 MAP P137F4

📷 海岸地區地標
海豚碼頭

網羅了鹿兒島特色口味、伴手禮，可正面遠望櫻島的購物中心。

どるふぃんぽーとふるさといちば
海豚碼頭故鄉市場

鹿兒島的美食全部凝聚於此

有產地直送的當日漁獲、新鮮蔬菜、鹿兒島糕點、鄉土特產等，有種類豐富的美食。猶豫要選什麼伴手禮時就來這裡吧。**DATA** ☎099-221-5837 ⊞鹿兒島市本港新町5-4 ⏰9～22時 休無休 交ドルフィンポート巴士站步行即到 P750輛(30分鐘免費) MAP P137F3

まるはちふくれがしてん
まるはちふくれ菓子店

篤姫也曾經吃過的薩摩古老零食

「ふくれ菓子」是鹿兒島的鄉土零食，是以碳酸膨脹的炊蒸零食。比戚風蛋糕更順口，最主流的為白砂糖的原味，還有黑糖、可可亞、肉桂、抹茶、落花生、生薑等7個種類，有豐富的選擇。**DATA** ☎099-227-5112 ⊞鹿兒島市金生町7-21 ⏰10～19時 休不定期休 交石燈籠通電車站步行2分 P無 MAP P137E3

ぱていすりー える むんど
Patisserie el mundo

和菓子老店的西點店

以輕羹始祖而聞名的「明石屋」所經營西點店，有40年以上的歷史，有講究素材的招牌商品、使用當季水果的季節限定商品等，種類豐富的蛋糕造型美麗又有趣。店內也有內用的咖啡廳空間。**DATA** ☎099-223-5959 ⊞鹿兒島市中町11-1 ⏰10～19時 休無休 交朝日通電車站步行1分 P無 MAP P137E2

どるふぃんぽーとあしゆ
海豚碼頭足湯

一邊泡足湯一邊眺望櫻島！

此足湯使用的是市內溫泉澡堂的熱水。在足湯附近的「薩摩工藝館」有銷售足湯毛巾167日圓，非常方便。**DATA** ☎099221-5777 ⊞鹿兒島市本港新町5-4 ¥免費 ⏰9～21時(7、8月為～22時) 休無休 交ドルフィンポート巴士站步行即到 P750輛(30分鐘免費) MAP P137F3

解開鹿兒島歷史之謎
步步慢行「城山巡遊」

「城山」是了解鹿兒島的歷史不可不去的地區。
從天文館稍微走遠一些,來學習歷史吧。

所需時間
3小時

行程表▶

天文館步行8分

❶ 西鄉隆盛銅像
　┊ 步行5分
❷ 照國神社
　┊ 步行5分
❸ DINIZ CAFE
　┊ 步行7分
❹ 鹿兒島縣
　歷史資料中心
　黎明館
　┊ 從薩摩義士碑前巴士
　┊ 站搭乘周遊觀光巴士
　┊ (城山・磯線)、城市巡
　┊ 遊巴士車程2分
❺ 西鄉洞窟
　┊ 巴士2～4分
❻ 城山展望台
　從城山巴士站搭乘鹿兒
　島周遊觀光巴士(城山・
　磯線)、城市巡遊巴士車
　程3～4分,在薩摩義士
　碑前巴士站下車,步行
　18分即到天文館

① Start
さいごうたかもりどうぞう
西鄉隆盛銅像
穿著凜然軍服的西鄉隆盛

銅像設置於昭和12年(1937),連同底座高度有8m,非常巨大。西鄉穿著的軍服是跟隨著明治天皇參觀陸軍大演習時所穿著的,現在也保存在西鄉家。用凜然的軍服姿態,守候著鹿兒島這個城市。

☎099-298-5111(觀光交流中心) 住鹿児島市城山町 ¥●休自由參觀 交西鄉銅像前巴士站步行即到 P無 MAP P137E1

製作者為安藤照,與忠犬八公相同

在道路的另一側還有供拍攝記念照的廣場

步行4分

② てるくにじんじゃ
照國神社
祭祀的是幕末名君島津齊彬

相鄰的探勝園過去是鶴丸城的庭園

步行4分

祭神為島津家第28代家長齊彬(☞P27),新年參拜、七五三等深受鹿兒島市民的喜愛。尤其7月15、16日舉行的鹿兒島特有的夏天祭典「六月燈」時,參道周邊會擺滿露天的小攤,2天內約有10萬人來訪。

☎099-222-1820 住鹿児島市照国町 ¥●休腹地內自由參觀 交西鄉銅像前巴士站步行4分 P50輛 MAP P137D1

1 創建於文久3年(1863),大鳥居非常吸引目光 2鹿兒島縣內六月燈(☞P132)中有最多參拜者的神社

❺ 西鄉洞窟
岩崎谷橋
鹿兒島
醫療中心
薩摩
義士碑前
西鄉洞窟前
私學校跡
鹿兒島縣❹
歷史資料中心
黎明館
城山入口
鶴丸城跡
縣立圖書館
城山公園
かごしま近代文学館・
かごしまメルヘン館
名山小
城山
城山
❻ 城山展望台
鹿兒島市立美術館
照國神社❷
DINIZ CAFE ❸
❶西鄉隆盛銅像
❶西鄉銅像前
中央公園
步行
四十
石板道
照國神社前
縣立博物館
N
100m

1 白色小蛋糕830日圓 **2** 氣氛時尚的2樓咖啡廳空間

一定可以找到想參加的行程！
位在西鄉隆盛銅像旁的「鹿兒島街道漫步觀光站」（MAP P137E1）提供有與導覽員一起巡遊觀光景點的「鹿児島ぶらりまち歩き」。全部有16個行程，參加費為1人500日圓。☎099-208-4701

鹿兒島（鶴丸）城是沒有天守的屋形構造的城

1 展示著鹿兒島（鶴丸）城的復原模型
2 展示齊彬等歷代島津家家長的資料
3 來到這裡薩摩歷史就一目瞭然！

3 じにす かふぇ DINIZ CAFE

在石造倉庫裡喝美味咖啡

稍作休息

從西鄉隆盛銅像旁的道路走進去，有一間使用石造倉庫作為店面的咖啡廳＆銷售自家焙煎咖啡豆的商店。在2樓還可以享用原創的甜點等。

☎099-295-3636 住鹿児島市城山町2-30石蔵 ⏰11〜18時（店內飲食為〜17時30分LO）休週一 交西鄉銅像前巴士站步行即到 P無 MAP P137E1

4 かごしまけんれきししりょうせんたー れいめいかん 鹿兒島縣歷史資料中心黎明館

設於鹿兒島（鶴丸）城本丸遺跡的歷史資料館

步行3分

展示了關於鹿兒島的考古、歷史、民俗、美術、工藝等廣泛的資料。在前庭的篤姬像也不能錯過！

☎099-222-5100 住鹿児島市城山町7-2 ⏰9〜18時（入館為〜17時30分）¥310日圓 休週一（逢假日則開館）、每月25日（逢週六、日則開館）交薩摩義士碑前巴士站步行即到 P125輛 MAP P137E1

巴士2分

5 さいごうどうくつ 西鄉洞窟

薩軍最後藏身的洞窟

從這裡往下走一小段就是西鄉逝世的地點

明治10年(1877)2月至九州各地戰爭的薩軍，在累經戰敗後於8月解散。9月時被政府軍追逐的薩軍逃至城山，當時藏身的就是這個洞窟。也是西鄉隆盛（☞P27）渡過死前最後5天的洞窟。之後薩軍在下山的途中西鄉受到槍擊而自殺身亡。

據說就在這個洞窟裡藏身了5天

☎099-298-5111（觀光交流中心）住鹿児島市城山町 ¥休自由參觀 交西鄉洞窟前巴士站步行即到 P無 MAP P134B3

西南戰爭的激戰地現在已成為觀光景點

巴士2分

Goal

週末還會有導覽義工常駐

6 しろやまてんぼうだい 城山展望台

也是市民休憩的眺望景點

這裡標高107m，可以一望鹿兒島市區及櫻島，同時也是欣賞夜景的景點。在亞熱帶植物的原生林中有通往山麓的遊步道，從展望台悠閒地走下山吧！

☎099-298-5111（觀光交流中心）住鹿児島市城山町 ¥休自由參觀 交城山巴士站步行3分 P37輛 MAP P137D1

從照國神社通往黎明館的「石板道」（MAP P137E1）上，散布著和天文館不同氣氛的隱密咖啡廳及商店。

重點看過來！

一定要吃看看
口感Q彈的兩棒餅

磯的名產·兩棒餅。味噌醬和醬油醬，你想吃哪個？(☞P53)

重點看過來！

世界文化遺產之一
尚古集成館

為什麼磯地區會是日本近代化的發源地呢？來這裡學習吧(☞P51)

重點看過來！

島津家淵源的
名勝 仙巖園

來參觀深受歷代島津家家長喜愛的美麗庭園吧(☞P48)

明治日本的產業革命遺產不容錯過

仙巖園周邊
せんがんえんしゅうへん

鹿兒島的傳統工藝薩摩切子，是以工匠技術完成的藝術品

仙巖園在這裡！

仙巖園

鹿兒島站

城山

天文館

鹿兒島中央站

櫻島

a c c e s s

是這樣的地方

仙巖園是治理薩摩藩的島津家作為別宅使用而建築的庭園，為幕末到明治期間日本近代化的基礎。磯地區曾經是「集成館事業」的據點。在2015年，『反射爐遺跡』、『舊集成館機械工廠(現尚古集成館)』、『舊鹿兒島紡織所技師館(異人館)』的3項資產已被登錄為世界文化遺產。

●從鹿兒島中央站出發
從JR鹿兒島中央站搭乘鹿兒島周遊觀光巴士城山·磯線、城市巡遊巴士車程30～35分，在仙巖園前下車即到

●從天文館出發
搭乘鹿兒島交通、南國巴士從天文館到仙巖園為10～17分

洽詢
☎099-298-5111
(觀光交流中心)

~仙巖園周邊 快速導覽MAP~

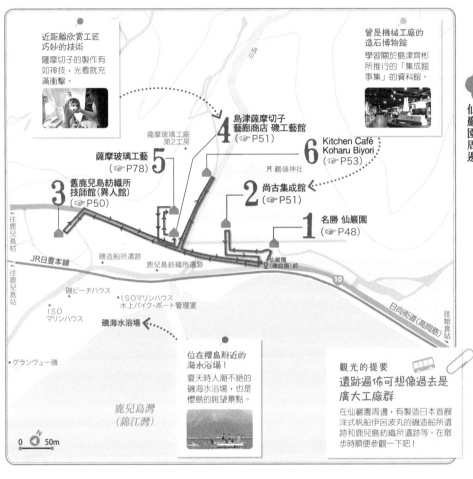

近距離欣賞工匠
巧妙的技術
薩摩切子的製作有
如神技，光看就充
滿衝擊。

曾是機械工廠的
造石博物館
學習關於島津齊彬
所推行的「集成館
事集」的資料館。

4 島津薩摩切子
藝廊商店 磯工藝館
(☞P51)

薩摩玻璃工廠
第2工房

6 Kitchen Café
Koharu Biyori
(☞P53)

薩摩玻璃工藝
(☞P78) **5**

鶴嶺神社

3 舊鹿兒島紡織所
技師館(異人館)
(☞P50)

2 尚古集成館
(☞P51)

1 名勝 仙巖園
(☞P48)

往鹿兒島站

JR日豐本線

磯造船所遺跡

鹿兒島紡織所遺跡

仙巖園
(磯庭園)前

往鹿兒島站

磯ビーチハウス

ISOマリンハウス
水上バイク・ボート管理室

ISO
マリンハウス

磯海水浴場

10

日向街道(高岡防)

往始良站

グランヴュー磯

位在櫻島附近的
海水浴場！
夏天時人潮不絕的
磯海水浴場，也是
櫻島的眺望景點。

鹿兒島灣
(錦江灣)

0   50m

觀光的提要
遺跡遍佈可想像過去是
廣大工廠群
在仙巖園周邊，有製造日本首艘
洋式帆船伊呂波丸的磯造船所遺
跡和鹿兒島紡織所遺跡等。在散
步時順便參觀一下吧！

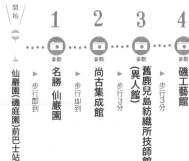

推薦路線

3小時30分

仙巖園與尚古集成館為共
通的門票，下巴士後先在
仙巖園購買門票。也慢慢
地參觀可看到薩摩切子製
作的薩摩玻璃工藝與洋風
建築的異人館吧。

開始	1	2	3	4	5	6	終點
	參觀	參觀	參觀	參觀	參觀	美食	
仙巖園(磯庭園)前巴士站	名勝 仙巖園	尚古集成館	舊鹿兒島紡織所技師館(異人館)	磯工藝館	薩摩玻璃工藝	Kitchen Café Koharu Biyori	仙巖園(磯庭園)前巴士站
	▶ 步行即到	▶ 步行即到	▶ 步行3分	▶ 步行3分	▶ 步行即到	▶ 步行2分	▶ 步行3分

在近代日本發祥地 名勝 仙巖園散步吧

這座規模巨大的大名庭園，將櫻島作為造景山、錦江灣作為造景池 庭園之外還有不少值得一看的部份。

受歷代家長喜愛的庭園。花點時間仔細地走上一圈吧

めいしょう せんがんえん
名勝 仙巖園

觀光時間 約1小時

述說島津家歷史 的庭園

島津家19代·光久在萬治元年 （1658）時所建造的別宅。在15000 坪的寬闊庭園中，留有多項傳承著 島津家歷史的史跡，喜歡歷史的人 一定會很興奮。借景錦江灣為池 塘、借景櫻島為假山的雄偉景觀，非 常有魅力。是可以同時吸收到薩摩 歷史與文化的景點。

☎099-247-1551 🏠鹿兒島市吉野町 9700-1 💴1000日圓(與尚古集成館的 通票)🕗8時30分～17時30分 🈺無休 🚌 仙巖園前巴士站步行即到 🅿500輛(1天 300日圓) 🅼🅰🅿P135D1

―― 想玩得更透徹的話 ――
也可以參加活動或導覽行程

❖以舉行活動期間為目標❖
從女兒節、七夕等季節行事，到夏 天的牽牛花、秋天的菊花、冬天的 牡丹花等花卉展示，在園內一整年 舉辦有各式各樣的活動。有些活動 時間較長，可以事先查詢確認。

❖參加園內的導覽行程❖
每天10～15時整點出發，所需時間 約30分鐘的行程。費用為門票+300 圓，當天申請參加也OK。

れすとらんしょうふうけん
Restaurant 松風軒

肚子餓了的話 在這裡吃午餐

使用鹿兒島食材 製作的料理頗受 好評。人氣的正 統 黑豬肉叉燒 丼，是以特製黑 醋醬汁來醃漬鹿 兒島特產的黑豬 肉，推薦給女生 享用。

加了大量蔬菜，很健康的 正統黑豬肉丼1080日圓

火的幸福守護神
鹿兒島的不倒翁小法師/ 白470日圓、紅440日圓 (在尚古集成館本館銷售)

以仙巖園限定 商品作伴手禮

飛龍頭
御殿的櫃台 銷售/12個入 1300日圓

**這裡是幕末時期
現代化的
最先端**

除了瓦斯燈之外，仙巖園還充滿了最先端的技術。第29代忠義建設了水力發電用水壩，明治25年（1892）起以水力的電力來點亮御殿的燈光等。據說還牽了自家用的電話線，太令人驚訝了。

園內的觀光重點在這裡

① 御殿
（ごてん）

明治時代作為住宅使用。明治17年（1884）進行改建，現今的規模是當時的3分之1。參加御殿行程（另需600日圓）即可進入內部參觀。藏釘飾件等細部的裝飾也不容錯過。

② 鶴燈籠
（つるどうろう）

為鎮座在御殿前的石燈籠，名稱的由來是像大鶴展翅的外形。安政4年（1857）時，齊彬進行瓦斯燈的實驗，那時點亮的就是這座燈籠。

③ 貓神
（ねこがみ）

第17代義弘在文祿之役（1592～1593）時帶了7隻貓出征，據說是為了透過貓的瞳孔大小來了解時間。這間神社祭祀的是戰後歸來的2隻貓。

④ 錫門
（すずもん）

極為美麗的紅漆大門與錫板瓦片，在周圍群山中特別醒目。在江戶時代時是作為正門使用，只有家長和繼位者才被允許走過這道門。

⑤ 島津薩摩切子藝廊商店 仙巖園店
（しまづさつまきりこぎゃらりーしょっぷ せんがんえんてん）

在園內的商店中，陳售了由技術純熟的工匠所製作的精美薩摩切子。色彩鮮艷的切子，就像是寶石一樣。一定要來見見薩摩最自豪的傳統工藝品。

⑥ 両棒餅屋
（ぢゃんぼもちや）　＼人氣名產／

想稍作休息時，就前往可以吃到磯的名產・両棒餅的茶店。有味噌口味和醬油口味，6支310日圓。因為可以各點3支，來比較一下兩個口味的不同吧。

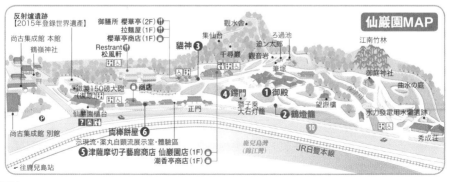

仙巖園MAP

感受幕末～明治的氣息
來參觀3棟洋風建築吧

在日本現代化的先驅的磯地區，
留有從幕末到明治時代建築的洋風建築。

きゅうかごしまぼうせきじょぎしかん (いじんかん)
舊鹿兒島紡織所技師館
(異人館)

在復古風貌的洋館中
想像著英國人技師的生活

在慶應3年（1867）時，薩摩藩為了日本首座洋式紡織工廠，鹿兒島紡織所的技術指導而邀請7位英國技師，這裡原是技師們的宿舍。明治10年（1877）的西南戰爭時也作為受傷士兵的臨時醫院，在明治15年（1882）時遷移到鶴丸城本丸遺跡處，昭和11年（1936）再次遷移到現在的位置。2011年曾進行翻修，復原了當時生活的房間等供參觀。【2015年登錄為世界遺產】

☎099-247-3401 🏠鹿児島市吉野町9685-15
¥200日圓 🕗8時30分～17時30分 休無休 文
仙巖園前巴士站步行3分 P6輛 MAP P135D1

1木造2層樓建築的殖民地風格。設計者為英國人，而建造則是日本的木匠。據說剛完工時外觀是白色的 2以英國製的古董家具重現了技師們居住時的會客室

觀光重點

1 為了門把而挖洞的柱子

因為當時的建築沒有「門把」的概念，為了門把還在柱子上挖了凹洞

2 天花板上的低調時尚

每個房間的天花板角落等處，都有縷空的裝飾

3 後側陽台留有古老的石板

因為遷建等因素，玄關附近的石頭已換新，讓這邊的石板看起來更加古老

什麼是明治日本的產業革命遺產？

在19世紀後半時，西歐列強先後在亞洲、非洲進行殖民，而日本因已成功地現代化、工業化，而免於淪為殖民地。在九州、山口留有不少現代化遺產，述說著現代化的過程。2015年時，在歷史、技術面皆有深厚關連性的岩手的釜石、靜岡的韮山等8個縣11個市內的共23件資產，以「明治日本的產業革命遺產煉鐵、鋼鐵、造船、煤炭產業」之名登錄為世界文化遺產。

什麼是集成館事業？

幕末時期的藩主島津齊彬在磯地區建設了工廠群·集成館，成為富國強兵、殖產興業的基礎。為了鑄造大砲，反射爐、溶礦房、玻璃工廠等一座接著一座建設著，推動著各種事業。這個就合稱為集成館事業。在當時所建設、位在仙巖園內的反射爐遺跡（MAP P49）、薩英戰爭後建設的「舊集成館機械工廠（現尚古集成館）」、「舊鹿兒島紡織所技師館（異人館）」，以及「寺山炭窯遺跡」、「關吉水渠」，皆是構成鹿兒島內世界遺產的資產。

▲反射爐遺跡。現在只剩下基礎的部份 ▶位在尚古集成館內1/10尺寸的反射爐模型

在磯地區之外也有世界文化遺產的構成資產

製作集成館（☞P50）的木炭（白炭）燃料的燒炭窯（寺山炭窯遺跡）MAP 隨身地圖正面D3）及動力用水車的取水口（關吉水渠）MAP 隨身地圖正面D3）也與磯地區的資料同時被登錄為世界遺產。

しょうこしゅうせいかん
尚古集成館

幕末的機械工廠變身為博物館

建於慶應元年（1856）時，就位在幕末島津齊彬（☞P27）所推進的造船、造砲、玻璃製造、紡織等成為近代日本基礎的「集成館事業（☞P50）」的中心地。館內染上機械油的堅固橫樑、嵌了板狀玻璃的拱形窗等，這些讓人感受到悠久歷史的部份也要仔細看看。【2015年登錄為世界遺產】

☎099-247-1511 住鹿児島市吉野町9698-1 ¥1000日圓（與仙巖園共通）⏰8時30分～17時30分 休無休 P500台輛（1天300日圓）交仙巖園前巴士站步行即到 MAP P135D1

1抬頭看天花板，可以看到承受振動與熱的堅固屋頂骨架 2外牆的石柱有幾根為傾斜的構造。不只內部的展示品，外觀也要仔細觀察

觀光重點 **本館建築物本體與玄關的石頭差異**

玄關部份是大正時代改為博物館時增建的。石頭的質感較新穎，不同於建築物本體

しまづさつまきりこぎゃらりーしょっぷ いそこうげいかん
島津薩摩切子藝廊商店 磯工藝館

包覆著薩摩切子光芒的洋風建築

建築物原來為島津家吉野植林事務所，在明治42年（1909）建於吉田村（現鹿兒島市）。於昭和61（1986）遷建至現在地，用途為展示銷售薩摩切子的展示廳。在廡殿頂的母屋正面，有著獨特設計的陽台和屋頂呈凸曲線的玄關亭。

☎099-247-8490 住鹿児島市吉野町9688-24 ¥免費 ⏰8時30分～17時30分 休無休 P10輛 交仙巖園前巴士站步行2分 MAP P135D1

1展示廳那高達天花板的窗戶讓人印象深刻。薩摩切子的燈具也很時髦 2復古摩登的外觀，到現在仍感受得到完工當時的氣氛

觀光重點 **到處都是島津家的家紋**

玄關的屋頂和四角落的屋瓦等，到處都留有島津家的「圓中十字」的家紋

在尚古集成館中上映著動畫《島津齊彬與我》等，是由製作動畫《秘密結社鷹之爪》的DLE所製作的。

在優雅別宅中享用午餐
有如化身島津家公主

高格調的島津住宅裡最想去的是這裡
在有形文化財中享用午餐，心情都好起來了！

まなーはうすしまづしげとみそう
ふれんちれすとらんおとぬ

Manor House
島津重富莊
Restaurant
Automne

**在充滿和風的氣氛中
享用美麗的法國料理**

這間法國餐廳，就開設在島津家第29代家長忠義的父親·久光建來作為別宅的建築物中。4000坪的腹地面積，可以看出過去島津家的繁榮。入口處的島津家紋、作為用餐空間的會客室等，到處都可以看出島津家的高格調。而餐廳的料理是以契約農民的新鮮蔬菜及鹿兒島特色食材，與從法國進口的食材撞出美味的火花。口味不用說，讓人捨不得動手的美麗擺盤，也一定會觸動少女情懷。

☎099-247-3122 住鹿兒島市清水町31-7
⏰11時30分～15時、18時～22時30分※皆需預約 休週一、二 交祇園之洲公園前巴士站步行5分 P50輛 MAP P135D2

從會客室看出來的庭園相當優美，過去的島津家長應該也看過這片風景吧

菜色部分，午晚餐皆只提供套餐，內容會依各時期而有不同。同時享受美麗的擺盤和美食吧（照片為示意）

午餐	3564日圓～
晚餐	11880日圓～

注目重點

當時是在這裡會見客人	島津家長生活的起居室	注意入口處

會客室
用餐空間是面對庭園的大房間，在過去是作為「會客室」使用

殿之間
作為包廂使用的「殿之間」。牆壁的磚紅色有驅魔的意味

島津家紋
「圓中十字」。抬頭就會看到島津家紋…

仙巖園周邊的推薦景點

いしばしきねんこうえん
石橋記念公園

欣賞製作精巧的石橋

江戶時代薩摩藩從肥後(熊本)邀請石工·岩永三五郎前來建造的石橋。1993年因為暴雨有2座石橋被沖走,剩下的2座石橋則移設至這個公園保存。在石橋記念館可以學習到石橋的建築架構。**DATA** ☎099-248-6661(石橋記念館) **住**鹿児島市浜町1-3 **時休**自由入園,記念館為週一休館(逢假日則翌日) **交**石橋記念公園前巴士站步行即到 **P**100台 **MAP**P135D2

建造石橋的每個製程都有詳細易懂的解說

橫跨在鹿兒島城下玄關口的西田橋(橋長約50m),是5座橋中最豪華的。

きっちんかふぇこはるびより
Kitchen Café 小春日和

隱密家屋般的小巧咖啡廳

咖啡廳的規模雖然不大,但即使一個人也可以輕鬆造訪的氣氛。午餐在平日是主菜加3種菜、迷你飲品、小甜點的每日套餐800日圓,週六、日、假日則為koharu lunch1000日圓。咖啡400日圓等,飲品類的菜色也很豐富。**DATA** ☎099-801-4337 **住**鹿児島市吉野町9688-23 **時**11時30分~18時 **休**週五 **交**仙巖園前巴士站步行4分 **P**3輛 **MAP**P135D1

かふぇ ちょうおんかん
café 潮音館

活用大正時代石造倉庫的咖啡廳

將島津家的石造米倉翻新成為氣氛絕佳的咖啡廳。最推薦的是加了大量蔬菜、番茄口味的紙包漢堡排套餐1620日圓(附前菜、咖啡、甜點)。另外生義大利麵套餐1450日圓也值得推薦。**DATA** ☎099-247-1203 **住**鹿児島市清水町31-8 **時**11時~20時30分LO(午餐為~14時30分LO) **休**週三 **交**祇園之洲公園前巴士站步行3分 **P**15輛 **MAP**P135D2

やきにくなべしま かえき べいさいどてん
焼肉なべしま 鹿駅 BAYSIDE店

有美麗海景的烤肉店

在九州各地皆有分店的名店。包廂式的座席和沙拉吧很有人氣。一如何它BAYSIDE的名稱,窗邊的位子可以一望櫻島及錦江灣,悠閒地享受風景和料理吧。推薦菜色有なべしまランチ1780日圓等。**DATA** ☎099-239-8880 **住**鹿児島市浜町2-1 **時**11時~21時30分LO **休**無休 **交**石橋記念公園前巴士站步行3分 **P**100輛 **MAP**P135D2

さにー べーかりー
Sunny Bakery

現烤的手工麵包

位在海岸地區的小型麵包店,每天架上會陳列約40種手工麵包。依出爐順序會一一且出來,常常過了中午就銷售一空。推薦的是玄米燒カレーパン160日圓、ブラックボール80日圓等。**DATA** ☎099-295-3232 **住**鹿児島市祇園之洲町44 **時**9~19時 **休**週三、日 **交**石橋記念公園前巴士站步行5分 **P**2輛 **MAP**P135D2

磯街道的名產點心 比較各家兩棒餅口味

烤麻糬淋上醬汁,再用2支竹棒串起來的兩棒餅。外觀雖然看起來很像,但各家有不同的口味。

ぢゃんぼもちひらたや
ぢゃんぼ餅平田屋

在寬敞的座位悠閒享用

特色是醬油底的甜辣口味。在店裡還有在西南戰爭起義的私校學生在柱子上留下的刀痕。**DATA** ☎099-247-3354 **住**鹿児島市吉野町9673 **時**9時30分~18時30分 **休**週天不定期休 **交**仙巖園前巴士站步行6分 **P**15輛 **MAP**P135D1

なかがわぢゃんぼもちや
中川両棒餅家

外地饕客很多,不變的口味

醬汁是紅味增加上砂糖。店舖也曾是電影《男人真命苦》的外景地。**DATA** ☎099-247-5711 **住**鹿児島市吉野町9673 **時**10~18時(夏季為~19時) **休**不定期休 **交**仙巖園前巴士站步行6分 **P**13輛 **MAP**P135D1

きりはらけぢゃんぼもちてん
桐原家両棒餅店

隨時都是現作的口味

點菜後才開始烤麻糬,隨時都可以吃到現作的兩棒餅。醬汁是醬油口味,店內全部座位皆為禁煙。**DATA** ☎099-247-1207 **住**鹿児島市吉野町9679 **時**10時30分~17時(售完為止) **休**週四 **交**仙巖園前巴士站步行5分 **P**5輛 **MAP**P135D1

從石橋記念公園步行約3分的多賀山公園(**MAP**P135D2)也是鹿兒島市眾多賞櫻知名景點之一。

重點看過來！

到月讀神社
抽鴿子籤

來抽可愛造型的鴿子
籤，抽到好籤也許戀情
會成真!?（☞P58）

重點看過來！

在櫻島海濱公園
泡個足湯

一下渡輪馬上來泡一下
美景足湯。回程前也可
以。（☞P56）

重點看過來！

在櫻島的小旅行

越來越接近的櫻島凜然
之姿讓人為之震撼。15
分鐘的渡輪之旅也很有
趣。（☞P56）

巡遊火山島

櫻島

さくらじま

是這樣的地方

時而雄偉地噴出灰色火山煙，時而閃耀著七
彩光芒，櫻島對鹿兒島來說是不可或缺的存
在。歷史、溶岩、溫泉、料理…越了解越能
感受它源源不絕的能量！只是遠眺還不夠，
這座充滿魅力的島，要不要來段小探險呢？

櫻島特產之一、
櫻島小蜜柑。特
色是體積雖小卻
有很高的甜度。
產季為11月下
旬～12月下旬

櫻島在這裡！

a c c e s s

●從JR鹿兒島中央站出發
搭乘鹿兒島周遊觀光巴士・
海豚碼頭觀光車程16分，在
鹿兒島水族館前（櫻島棧橋）
下車後，搭乘櫻島渡輪船
程15分，在櫻島港下船

●從天文館出發
從天文館通電車站搭程市
電約8分，水族館口下車，
步行5分即到達鹿兒島本港

洽詢

☎099-298-5111
（觀光交流中心）

～櫻島 快速導覽MAP～

在崎嶇不平的溶岩原中吸收能量！
沿著海岸的溶岩原遊步道，是櫻島才有的景色。

親眼確認火山爆發的驚人
高度3m的鳥居，被火山灰淹沒到現在只剩1m…。

遠看也很有魄力的記念塔
即使不是長渕剛歌迷也想去的櫻島景點。

鹿兒島灣
(錦江灣)

白浜溫泉　割石崎

藤野崎　運動広場

権現神社

鹿兒島市

文明溶岩
(1471～76)

大燃崎

宇土港

昭和溶岩

御岳(北岳)

権現山

黑神埋沒鳥居
(☞P59) **6**

旅の里火山展望台

長崎鼻

瀬戸崎

往櫻島渡輪碼頭〈鹿兒島港〉

「櫻島」溶岩海濱公園足湯

1 櫻島港

方崎

桜島自然恐竜公園

月讀神社

櫻島港渡輪碼頭

2 烏島展望所
(☞P57)

西郷岩

水漁港

4 湯之平展望所
(☞P58)

湯之平溶岩めぐり道路

引ノ平

中岳
南岳

安永溶岩
(1779～80)

昭和溶岩
(1946)

大正溶岩
(1914)

鍋山

櫻島

昭和溶岩

溶岩海濱遊步道

神瀬

野尻濤

3 赤水展望廣場
(☞P58)

古里公園

若宮神社

林芙美子文學碑

古里港

辰崎

観音崎

5 有村溶岩展望所
(☞P59)

有村崎

垂水市

往國分

往垂水

櫻島

0　　1km

観光的提要
也建議租自行車巡遊
在櫻島遊客中心（☞P56）提供24段變速運動型自行車租賃。3小時內為2000日圓。

推薦行程
3小時
噴煙也不足以為奇的活火山櫻島。只是走在遊步道上應該就可以感受到櫻島的能量。可以從湯之平展望所近距離感受北岳的魄力。

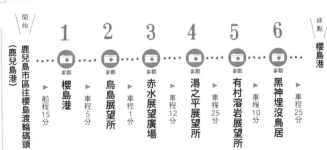

開始	1	2	3	4	5	6	終點
鹿兒島市區往櫻島渡輪碼頭（鹿兒島港）	參觀 櫻島港	參觀 烏島展望所	參觀 赤水展望廣場	參觀 湯之平展望所	參觀 有村溶岩展望所	參觀 黑神埋沒鳥居	櫻島港
	▶船程15分	▶車程5分	▶車程1分	▶車程12分	▶車程25分	▶車程10分	▶車程25分

感受火之島的大地能量
跨越海洋到櫻島巡遊吧

從市區遠望櫻島也不錯，但既然來了就登上櫻島吧。
搭乘渡輪15分。在島上逛上一圈，直接感受火之島的能量吧。

巡遊櫻島可以搭乘「櫻島 Island View」
從櫻島港發車，途經櫻島遊客中心、赤水展望廣場等觀光景點，最後到達湯之平展望所的巡迴巴士。可無限次搭乘的專用一日乘車券500日圓，相當划算。
繞行一圈約60分，從9～16時35分每隔65分一班，一天共有8班，車資為120～440日圓(依區間而異)。
099-257-2117(鹿兒島市交通局巴士事業課)

從海上欣賞櫻島…
「よりみちクルーズ」
如果想從海上欣賞櫻島，建議可以選擇附有導覽義工解說的小型遊輪，是長約50分的海上觀光。
☎099-293-2525（鹿兒島市船舶局營業課）￥500日圓(可預約同時運載車輛，另需運費) 休無 每天11時5分從鹿兒島港出發(到達櫻島港)

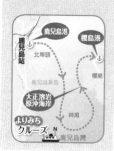

START

さくらじまびじたーせんたー
① 櫻島遊客中心

來到櫻島首先就是來這！

櫻島的噴發歷史及自然、觀光資訊等，透過影像和模型來解說的迷你博物館。博物館商店中也有豐富的商品。
☎099-293-2443 住鹿兒島市桜島横山町1722-29 ￥免費 ⏰9～17時 休無休 P10輛 交從櫻島港步行10分 MAP P57

▲要了解櫻島不可不去的景點

步行2分

さくらじまようがんなぎさこうえんあしゆ
② 「櫻島」溶岩海濱公園足湯

日本最大！ 長約100m的足湯

這個足湯全長竟然有約100m！後方為櫻島，前面則可眺望鹿兒島市區，可以悠閒地享受源泉放流式的天然溫泉。因為也有小亭，即使有火山降灰也沒問題！？
☎099-298-5111（觀光交通中心）住鹿兒島市桜島横山町 ￥免費 ⏰9時～日落 休無休 P100輛(含附近的停車場) 交櫻島港步行10分 MAP P57

▲同時感受海風的足湯體驗

步行即到

步行20分

ようがんなぎさゆうほどう
③ 溶岩海濱遊步道

慢行在溶岩原的海岸步道

到烏島展望所約有3km，是最適合散步的遊步道。周邊排列著著名詩人歌詠櫻島的詩碑。溶岩石塊散布在各處，這個衝擊性的風景只有在櫻島才看得到。
☎099-298-5111（觀光交通中心）住鹿兒島市桜島横山町 ￥休自由參觀 P20輛 交櫻島港步行15分 MAP P57

▲這裡被列為日本遊步道百選之一

溶岩原來那麼凹凸不平啊

▲越過溶岩所見的櫻島充滿魄力

哇！
還在噴發…

櫻島是日本代表性的活火山，在平常就可以體驗到火山噴發。想知道櫻島的狀況時，可以在櫻島遊客中心的HP或鹿兒島市觀光網站「鹿兒島市旅遊觀光網站」確認

櫻島 ● 跨越海洋到櫻島巡遊吧

▲噴發已是家常便飯，觀光客也常可以遇到噴發

からすじまてんぼうじょ
❹ 烏島展望所
🔘 烏島展望所

過去的島存在在下方…

過去曾經存在於錦江灣上的烏島，被大正3年(1914)大噴發的溶岩流完全埋沒，現在成為展望所。在展望所立有大正大爆發的記念碑，說明烏島就位在距離櫻島海岸500m處。

☎099-298-5111（觀光交流中心）🏠鹿兒島市桜島赤水町
🕙休自由參觀 🅿20輛 🚌櫻島港步行25分 MAP P57

從櫻島看鹿兒島的夜景也很美哦

▲溶岩原的對岸就是鹿兒島市區

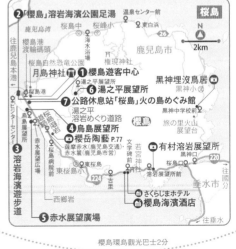

❷「櫻島」溶岩海濱公園足湯　溫泉中心前　桜島
鹿児島湾　桜島中　桜峰小　●東白浜　26　N
櫻島港渡輪碼頭　●海水浴場　権現馬神社　2km
桜島自然恐竜公園　鹿児島市
往鹿兒島本港　月島神社　❶櫻島遊客中心　黑神埋沒鳥居
桜島港　●湯之平展望所　黑神小
❻湯之平展望所
❼公路休息站「桜島」火の島めぐみ館
湯之平溶岩めぐり遊道路　黑神中学校前
❹烏島展望所　旅の里火山展望台
櫻岳陶藝 P.77　文学碑前
薩摩赤水(鹿児島交通)　若宮神社前
赤水麓(鹿児島市営)　桜島小　黑神口　220
赤水展望広場　桜島口　往國分
桜島病院前　溶岩展望所前
東桜島小　224　有村溶岩展望所
東桜島　古里　溶岩展望所前　往水市
西郷岩　垂水市
❸溶岩海濱遊步道　❽さくらじまホテル
❺赤水展望廣場　❽櫻島海濱酒店
往垂水

後續在P58

櫻島環島觀光巴士2分

📖 在櫻島觀光中心裡的博物館商店最推薦的商品是100%櫻島產的山茶花油。作為伴手禮也不錯呢！

⑤ あかみずてんぼうひろば
赤水展望廣場

🔊 赤水展望廣場

標記是櫻島溶岩的巨大記念碑

這裡原本是2004年時長渕剛舉辦通宵演唱會的綠地廣場，也是可以一望錦江灣及鹿兒島市區等的眺望景點。名為「吶喊肖像」的巨像高達3.4m，非常有震撼度。

☎099-298-5111(觀光交流中心) 🏠鹿児島市桜島赤水町3629-3 ¥🕐休自由參觀 🅿20輛 🚌櫻島港車程5分 MAP P57

▶以38.2噸的溶岩製作的「吶喊肖像」

櫻島環島觀光巴士15分

找到心形石就能得到幸福

位置保密，自己來找看看吧！

🔊 湯之平展望所

⑥ ゆのひらてんぼうじょ
湯之平展望所

找到7個♡就會幸福？

位在海拔373m的北岳4合目。這裡是北岳可進入區域最高的展望台，也是絕佳的眺望景點。在腹地裡找到7個心形石，還可能會變幸福哦。有各種不一樣的形狀和大小。

☎099-298-5111(觀光交流中心) 🏠鹿児島市桜島小池町1025 ¥免費 🕐自由參觀(商店9〜18時) 休無休 🅿30輛 🚌櫻島港車程15分 MAP P57

有時也可以看到噴煙的景象

▲回頭一望就是崎嶇不平的山壁

GOAL 🔊 火之島惠館

櫻島環島觀光巴士15分

⑦ みちのえき「さくらじま」ひのしまめぐみかん
公路休息站「桜島」火の島めぐみ館

世界最大的白蘿蔔和最小的蜜柑

這間物產館收集了櫻島白蘿蔔的加工品與櫻島溶岩商品、枇杷、山茶花油等櫻島的特產品，最適合尋找伴手禮。還可以品嘗到使用名產小蜜柑的美食，如霜淇淋、烏龍麵等。

☎099-245-2011 🏠鹿児島市桜島横山町1722-48 ¥免費 🕐9〜18時(餐廳為〜17時) 休第3週一(逢假日則翌日) 🅿89輛 🚌櫻島港步行5分 MAP P57

▲小蜜柑烏龍麵套餐700日圓 ▶挑選伴手禮和用餐都非常實用的景點

◀小蜜柑霜淇淋250日圓

つきよみじんじゃ
月讀神社

從港口步行3分 來去這裡吧！

可以求結良緣的神社。可愛的鴿子籤200日圓，在旅行地求個邂逅的運氣吧？

☎099-293-2109 🏠鹿児島市桜島横山町1722-8 ¥🕐休腹地內自由參觀 🅿40輛 MAP P57

▲期待抽到大吉

在櫻島之外也有被火山溶岩掩埋的鳥居

在大正大爆發時，垂水市的牛根麓稻荷神社的鳥居也被火山灰掩埋。現在附近的步道與展望台也設置完善，可以眺望櫻島的景色。

☎0994-32-1111（垂水市水產商工觀光課）**MAP** 隨身地圖正面E4

還有開車可到達的觀光景點

さくらじまし─さいどほてる
櫻島海濱酒店

〈從港口車程15分〉

**徹底享受櫻島的優點
在美景露天浴池純泡湯**

這裡的特色是茶褐色的溫泉水，且是源泉放流式的奢侈溫泉。天氣好的時候還可以眺望錦江灣、大隅半島、薩摩半島的開聞岳，絕佳視野也是這裡的自豪賣點。

☎099-221-2121 🏠鹿兒島市古里町1078-63 💴500日圓 🕐11時30分～20時 休無休 🅿20輛 **MAP** P57

▶可一望錦江灣和大隅半島的混浴露天浴池。可以穿著泳裝、攜帶毛巾

ありむらようがんてんぼうじょ
有村溶岩展望所

〈從港口車程20分〉

**一覽噴發與重生的歷史
壯觀的風景就在眼前！**

聳立在大正大爆發流出的溶岩丘上的展望所，可以觀察雄偉的溶岩原。絕不能錯過360度全景。這裡也有伴手禮的銷售處。

☎099-298-5111（觀光交流中心）🏠鹿兒島市有村町952 💴🕐休自由參觀 🅿19輛 **MAP** P57

くろかみまいぼつとりい
黑神埋沒鳥居

〈從港口車程30分〉

**殘存的華麗榕老樹
與大爆發的傷痕**

大正大爆發時被火山灰及輕石等掩埋的腹五社神的鳥居，敘述著噴發的威脅性。裡面還有個小型神祠。

☎099-298-5111（觀光交流中心）🏠鹿兒島市黑神町 💴🕐休自由參觀 🅿7輛 **MAP** P57

從市內眺望 櫻島美景景點

いしばしきねんこうえん
石橋記念公園

位在石橋記念公園裡的西田橋，據說篤姬出嫁時也曾經走過這座橋。從優美的拱型石橋望向櫻島的英姿也很美。（☞P53）

しろやまかんこうほてる
城山觀光酒店

從櫻島後方散發著金黃色光芒的朝陽緩緩升起的樣子，既莊嚴又神秘。在清晨就開放的瞭望露天溫泉欣賞櫻島也不錯。（☞P80）

どるふぃんぽーと
海豚碼頭

鎮立在錦江灣上的櫻島，這裡是可以看到有如風景名信片般景色的絕佳位置。推薦一邊泡著併設的足湯一邊欣賞風景。（☞P43）

▲因為位於南岳的山麓，噴煙的魄力非同小可

▲據說這座鳥居在噴發前的高度有3m

📖 赤水展望廣場附近有外型像西鄉隆盛的溶岩塊「西鄉岩」（**MAP** P57）。尤其是側臉特別像。

59

從療癒景點到手工體驗
郊外也有好多有趣景點

在鹿兒島市區的郊外，
也散布了讓人想到訪的景點。

這裡真的
是動物園!?

❶ かごしましひらかわどうぶつこうえん
鹿兒島市平川動物公園

進化的動物景點
透過視覺、觸覺來療癒心靈

在2016年春天完成翻新，變身為人與動物皆感到舒適、充滿南國鹿兒島風格的動物公園。動物們在大自然中充滿活力的生活著，光是看著好像心靈也被療癒了，很不可思議。園內也有讓人感受到昭和氣氛的遊樂園等玩樂景點。

☎099-261-2326 住鹿兒島市平川町5669-1
¥500日圓 🕘9～17時(入園為～16時30分)
休12月29日～1月1日 交從天文館巴士站搭乘鹿兒島交通巴士往動物園，車程50分，終點站下車
P630台日圓(1天200日圓)MAPP61A2

一入園看到的非洲園，就像是非洲大草原一樣

療癒的動物們
在這裡

非常稀有的
白虎

白虎是平川動物公園
的人氣動物

集體行動的
土撥鼠

站姿很可愛。受
驚嚇時會逃進地
下的巢穴

狗的原種
藪犬

來自京都的藪犬
ウキョウ與サキョウ

我是河馬
龍馬

公河馬龍馬和
母河馬ナナミ
感情很好

充滿元氣的
黑猩猩

去年春天產下寶寶的
黑猩猩。今後的成長
過程也讓人期待。

Forest in India
Nature of Australia
Petting Zoo
土撥鼠
足湯
Kagoshima Animals
Monkeys of the world
無尾熊
Mysterious Animals
北極熊
白虎
豚鼠
Bear of the World
Aviary
河馬
Nature of South America
休養廣場
動物病院
Wild Dogs & Cats
足湯
入口
管理事務所
遊樂園
African Savannah
停車場

🍴餐廳
🏪商店
🚻洗手間
♿多功能洗手間

平川動物公園 園內MAP

尤加利林中的
無尾熊

無尾熊的寶寶也正在
長大。想看牠活動的
樣子最好上午前來

動物公園旁
的賞花勝地

與平川動物公園相鄰的「錦江灣公園」（）（**MAP**P61A2）的玫瑰園中，在春天與秋天會綻放243種色約1000朵色彩鮮豔的玫瑰，香氣迷人。秋天則還可以欣賞波斯菊。入園免費，請隨意入內參觀。

2 あまみのさと
奄美之里

參加體驗，感受滿滿大島紬的魅力

重現了奄美的民宅與庭園的奄美生活資料館。可體驗手帕草木染(1080日圓，需預約)與手織大島紬等製作原創作品。也可參觀大島紬最高級品牌都喜ヱ門的美術館與大島紬的機械紡織、製造過程等。

☎099-268-0331 🏠鹿兒島市南榮1-8-1 💴400日圓 🕘9～17時 🈳無 🚃鹿兒島中央站前搭乘市電1系統，車程40分，谷山電車站下車，步行20分 🅿150輛 **MAP**P61A1

1庭園裡是奄美獨特的風景 **2**了解大島紬後，一定要來都喜ヱ門美術館 **3**體驗一下可輕鬆挑戰的手帕草木染

3 かごしましりつふるさとこうこれきしかん
鹿兒島市立故鄉考古歷史館

穿上古代服裝，體驗勾玉的製作

在2017年重新開幕。除了展示挖出繩文時代到中世約30萬件遺物的不動寺遺跡及遺物外，還有可以體驗挖掘作業及高約2m的巨大測器系的區域，增設了影像及模型、圖型展示等，可以更有趣地學習鹿兒島市的

歷史。另外除了勾玉製作外，還有土器風鈴製作(另各需100日圓)的體驗。

☎099-266-0696 🏠鹿兒島市下福元町3763-1 💴300日圓 🕘9～17時 🈳週一(逢假日則翌日) 🚃從JR鹿兒島中央站搭乘指宿枕崎線，車程18分，在慈眼寺站下車後步行20分 🅿140輛 **MAP**P61A1

1有小朋友也能參加的體驗單元 **2**在室外有復原的住宅 **3**約30萬件遺物及出土的不動寺遺跡的介紹區塊

鹿兒島市周邊

鹿兒島灣（錦江灣）

📖 在平川動物公園有2處足湯。當然都是天然溫泉！在動物園裡設置足湯是全日本首創。

在鹿兒島叫作「うけ揚げ」

「正調さつま料理 熊襲亭」(☞P68)的薩摩炸魚餅

高湯也是重點 豪爽入口

著名的黑豬肉料理也有各式各樣的種類
(☞P64)

「薩摩地鶏 とりはな」(☞P66)的雞飯

結束觀光之後
享用鹿兒島的美食、逛街買伴手禮吧

說到來到鹿兒島不能錯過的料理，就是黑豬肉。
吃法要涮涮鍋？還是炸豬排？
傳統工藝品、茶葉等，想買的東西也有好多。
甘薯甜點也不能忘記哦。

黑薩摩的生雞切片，太奢侈了

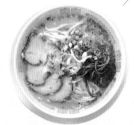

拉麵也不能錯過喔

生雞肉片，是當地的名料理。「薩摩地鶏 とりはな」
(☞P66)

「小金太ラーメン」(☞P71)
的拉麵

呈現武士腰際叉著雙刀模樣的兩棒餅（☞P49）

一個個手工製作的薩摩切子

也有混合了傳統花樣與新創花樣的商品（☞P78）

以前是作為嫁妝的道具

越用越有光澤的梳子
（☞P76）

深淺不同的切割，呈現美麗的漸層（☞P78）

美麗的薩摩切子

也想喝甘藷燒酒耶
（☞P40）

西鄉隆盛的手帕。
捨不得拿來用
（☞P75）

西鄉隆盛變成可愛的最中餅！

要吃掉好像有點可憐？（☞P74）

接下來就是美食和購物了

太可愛了！
黑豬饅頭

「薩摩黑豚とんかつ專門店 黑かつ亭」（☞P65）

高貴的白薩摩

美麗的細緻裝飾，
金色邊線好豪華
（☞P79）

63

鹿兒島自豪的品牌豬肉
來享用黑豬肉料理吧！

說到鹿兒島美食，最先想到的就是黑豬肉料理
涮涮鍋、炸豬排等，品嘗不同調理方式的不同美味樂趣吧。

黑豬肉好吃的理由

以甘薯為飼料因此肉質軟嫩，油脂清爽且帶甜味。

天文館

くろぶたりょうりあぢもり

黒豚料理あぢもり

黑豬肉涮涮鍋的始祖就是這裡！

黑豬肉作為食用肉品，在過去曾經一度面臨存續的危機。當時老闆親自奔走日本各地，不斷宣傳鹿兒島黑豬肉的美味，由他草創的餐廳就是這裡。不外傳的湯頭與當地產雞蛋一起享用的黑豬肉涮涮鍋，可以奢侈地品嘗到素材濃郁的美味與香氣。牛肉所沒有的清爽美味，讓人筷子停不下來。午餐時段為3240日圓～（需預約），比較划算。

☎099-224-7634 Ⓨ鹿兒島市千日町13-21 Ⓛ11時30分～13時入店、17時30分～20時入店 休週三(不定期休) 交天文館通電車站步行5分 Ⓟ無 ⓂⒶⓅP137D3

▶特選黒しゃぶコース。捲得像玫瑰花瓣一樣的肉片，散開在金黃色的湯頭中

菜單

- ●特選黒しゃぶ全餐 4230日圓～（1人份・2份起出餐）
- ●味盛女性套餐 1380日圓
- ●黑豬肉炸里肌套餐 1230日圓（僅平日午餐時段供應）

同列人氣菜色

▲黑豬肉特別混合套餐1680日圓，可品嘗到里肌、菲力、肋骨肉3種不同肉質的炸豬排

▲不少藝人會光顧的人氣店

菜單

- ●黑豬肉涮涮鍋(附蔬菜・麵) 1922日圓
- ●溶岩烤黑豬五花肉 1058日圓
- ●黑豬肉炸里肌120g定食 1490日圓

▲溶岩烤黑豬五花肉是溶岩燒中最有人氣的料理

同列人氣菜色

▶1人份也會出餐的黑豬肉涮涮鍋

▲由燒酒顧問嚴選的正統燒酒有370種以上

鹿兒島中央站周邊

かごしまくろぶたせんもんてん　ろっぱくてい

かごしま黒豚専門店　六白亭

以多類型的菜色提供黑豬肉

鹿兒島縣產的黑豬肉除了招牌的涮涮鍋，還有創新的烤肉與涮肉的一鍋兩吃、有遠紅外線效果的溶岩板煎烤、炸豬排等多種料理方式。可以充分地品嘗黑豬肉的美味。

☎099-251-9008 住鹿兒島市西田2-12-34 Ⓛ11～14時LO、17時30分～22時LO 休無休 交JR鹿兒島中央站西口步行2分 Ⓟ4輛 ⓂⒶⓅP136A2

鹿兒島除了黑豬肉
之外的美味豬肉

鹿兒島因為黑豬肉而聞名，但在鹿兒島還有黑豬肉之外的品牌豬肉。用綠茶粉末及含有兒茶素的飼料所飼育的茶美豚，在Zino（☞P67）可以品嘗到炸豬里肌980日圓。

天文館

くろぶた
黑福多

享用黑豬肉的完整美味

甘甜軟嫩的滷豬肉、肥厚且口感佳的豬舌等，這個「黑福多づくし」可以品嘗到黑豬的多個部位，令人感動。招牌的「黑カツ」也大推。

☎099-224-8729 住鹿児島市千日町3-2カマツキビル1F ⏰11時30分～14時30分LO、17時30分～22時LO 休週一（逢假日則翌日）交天文館通電車站步行3分 P無 MAP P137D3

▲「黑福多づくし」能感受黑豬肉的美味　▲有提供外帶的菜色

同列人氣菜色

◀特製黑色麵包粉充滿震撼和軟嫩得讓人驚訝的「黑カツ」1780日圓

菜單
●黑福多づくし 5400日圓
●炸黑豬菲力（單點）1780日圓
●炸黑豬三明治（外帶）1050日圓

▲同時享受菲力與里肌的「黑かつ亭定食」

同列人氣菜色

◀鹿兒島黑豬肉包「黑ぶた侍」在天文館店及中央站的えきマチ1丁目也有銷售

▲常常大排長龍的人氣店家

菜單
●黑かつ亭定食 1491日圓
●上等里肌午餐 1167日圓
●炸里肌定食 1448日圓

鹿兒島中央站周邊

さつまくろぶたとんかつせんもんてん　くろかつてい
薩摩黑豚とんかつ專門店 黑かつ亭

酥脆多汁的極品豬排

嚴選的黑豬肉經過熟成，帶出其甜味及柔軟的最大極限，裹上自製麵包粉後以特調油油炸的豬排，是無話可說的美味。

☎099-285-2300 住鹿児島市中央町16-9中原ビル1F ⏰11時～15時30分、17～22時 休無休 交JR鹿兒島中央站東口步行5分 P4輛 MAP P136A4

天文館

ゆうしょくとんさいいちにいさんてんもんかんてん
遊食豚彩いちにいさん 天文館店

以蕎麥麵醬油調味的黑豬肉涮涮鍋

這裡進行經營的是當地的人氣蕎麥麵店，最有名的是沾蕎麥麵醬汁的涮涮鍋。也推薦充滿膠原蛋白與蔬菜的「蒸ししゃぶ」。

☎099-225-2123 住鹿児島市東千石町11-6そばビル2・3F ⏰11～22時LO（午餐時段為～15時）休無休 交天文館電車站步行3分 P無 MAP P137F4

▲▶蒸ししゃぶ（上）與蕎麥麵醬汁的沾醬（右）

同列人氣菜色

菜單
●蒸ししゃぶ2800日圓
●黑豬蒸蔬菜套餐 980日圓
●黑豬炸五花套餐 980日圓

▲午餐限定的黑豬涮蔥套餐850日圓

▶位在天文館PIRA MALL商店街的正中間

📖「黑かつ亭」在天文館（MAP P137E2）、「いちにいさん」在AMU PLAZA鹿兒島5F（MAP P136A3）也有分店。

鹿兒島的「三大品牌雞肉」想用各種料理方式品嘗

在畜產王國‧鹿兒島，繼牛、豬之後造成話題的就是土雞。
代表性的三大品牌雞肉，用各式各樣的料理方式來比較口味吧。

品嘗美味的雞肉

黑薩摩雞的涮涮鍋　2000日圓
(1人份，需在前一天前預約)

首先生食，接著再沾特製柚子醋

什麼是鹿兒島的土雞？

以國家的天然記念物「薩摩雞」為基礎，與其他雞種交配後有「薩摩土雞」、「薩摩鬥仔雞」、「黑薩摩雞」三種品牌。「薩摩土雞」脂肪少，有獨特的甜味，「薩摩鬥仔雞」肉質為細緻的纖維質、「黑薩摩雞」的特色是美味成份的胺基酸含量很高。

鹿兒島中央站周邊

さつまぢどり　とりはな
薩摩地鶏　とりはな

展現2種土雞的原始美味

「薩摩鬥仔雞」的優點為適度口感與濃郁肉質且價格親民，「黑薩摩雞」的優點為美味成分多，口感Q彈，這裡是可以同時品嘗到這2種土雞的雞肉料理專賣店。另外也有涮涮鍋、生切片、炭火烤雞肉等50種類以上的豐富菜色，可以用合理的價格品嘗到。

☎099-252-0430　🏠鹿児島市中央町2-28　🕐18時～22時30分LO　🈺週日(逢假日隔翌日)　🚉JR鹿児島中央站東口步行3分　🅿無　**MAP**P136B2

鹿兒島首屈一指的土雞專賣店

👉 **其他推薦料理**
南蠻雞　500日圓／雞湯　400日圓
薩摩鬥仔雞涮涮鍋(需前一天前預約)
1500日圓

還有其他各種土雞料理

雞飯　850日圓
奄美地區代表性特色鄉土料理。用醃蘿蔔取代木瓜，享受色彩及口感。

黑薩摩雞生切片　730日圓
雞腿、雞胸、雞柳的綜合盤。充滿胺基酸的美味且口感Q彈

薩摩鬥仔雞炙燒生切片　600日圓
薩摩鬥仔雞的特色是濃郁的口味。佐上可以帶出素材原味的自製柚子醋

夢幻雞種・英吉雞
是怎樣的雞？

明治27年（1894），英國的貿易船漂流至種子島之際，為了感謝島民的救助，將珍貴的雞作為感恩的謝禮。現在已被指定為鹿兒島的天然記念物，被細心地飼育著。

天文館
じーの
Zino

豬、牛、雞，黑品牌肉集合了

店名的由來取自對講究土雞、黑牛、黑豬肉、當季蔬菜等鹿兒島的「當地食材」的諧音。是JA直營的餐廳，安心、安全的理念值得放心。

☎099-216-1800　住鹿児島市山之口町3-12
◯11時30分～13時30分LO、17時30分～22時30分LO(週日、假日為～21時30分LO)
休第3週日(逢連休時則連休最終日)　交天文館通電車站步行5分　Ｐ無　MAP P137D3

推薦料理

健康一番鹽烤雞腿肉　580日圓(僅晚餐提供)
小釜炊き黑薩摩雞糯米飯　780日圓(僅晚餐提供)
薩摩鬥仔雞肉刺身　780日圓(僅晚餐提供)

同列人氣菜色

午餐時段提供的健康一番どりの唐揚げ膳，只要親民的780日圓

多汁的健康一番鹽烤雞腿肉

在這裡享用鹿兒島的美味

推薦料理

黑薩摩雞地雞刺身　787日圓
炭火燒大盛り(3人份)　2205日圓
黑薩摩雞朝引き生雞肝　648日圓

同列人氣菜色

雞腿、胸、胗的土雞綜合生切片

軟嫩卻有口感Q彈的炭火烤雞肉

位於鹿兒島中央車站大樓的地下層

鹿兒島中央站周邊
じどりのとりぜん
地鶏の鶏膳

從自家農場直送的過人鮮度

從位在指宿的自家農場每天直送當天現宰的黑薩摩雞。生切片、燒烤等，可以充分品嘗到黑薩摩雞的美味。午餐時段還有雞飯等菜色。

☎099-296-9101　住鹿児島市中央町11-1鹿児島中央車站大樓地下1F　◯11～14時、17～21時LO　休無休
交JR鹿児島中央車站東口步行3分
Ｐ無　MAP P136B3

鹿兒島中央站周邊
いちじょうどおり　さけさけ
一条通　さけ咲

以多樣的料理方式享用黑薩摩雞

使用自家飼育的黑薩摩雞與嚴選食材的居酒屋，最推薦的菜色是用大型炭爐豪氣完成的炭燒雞肉。另外雞飯、土雞生切片、壽司帥父製作的握壽司也值得推薦。

☎099-214-5885　住鹿児島市中央町1-10◯17～23時LO(週五、六、假日前日為24時LO)　休無休　交JR鹿児島中央車站東口步行3分　Ｐ無　MAP P136B2

推薦料理

炭烤黑薩摩雞　1058日圓
黑薩摩雞壽喜燒1份　1296日圓
黑薩摩雞握壽司6個　1080日圓

同列人氣菜色

最有人氣的是炭烤黑薩摩雞

正統的握壽司。加上柚子胡椒一起品嘗

燒酒和日本酒的種類也很豐富

土雞的生切片和炙燒生切片。只炙燒雞皮的是生切片，全部炙燒的是炙燒生切片。不敢吃生切片的人可以選擇炙燒生切片。

山珍與海味
來品嘗滋味豐郁的薩摩鄉土料理吧

鹿兒島風土所孕育出的故鄉傳統味道
作為促成地產地銷的巷弄美食，如今仍盛行著。

せいちょうさつまりょうり　くまそてい
正調さつま料理　熊襲亭

享用被稱為正調的正統派口味

以宴席方式品嘗薩摩傳統鄉土料理的名店。溫熱的食物就在溫熱的狀態、冰冷的食物就在冰冷的狀態，如此「正確」「步調順暢」的出餐方式。來享用質樸又簡單，時而豪爽的薩摩特色料理。套餐是3240日圓～、午餐1620日圓～。

☎099-222-6356　住鹿児島市東千石町6-10
⏰11～14時LO、17時～21時30分LO　休無休
交天文館通電車站步行3分　P3輛　MAP137F4

在鹿兒島被稱為「つけ揚げ」的薩摩炸魚餅 648日圓

店內是高格調的正統氣氛

丁香魚生切片、薩摩炸魚餅、酒壽司等，可以品嘗到各種薩摩料理的貴全餐5400日圓

{ 鹿兒島的代表性
鄉土料理 }

薩摩鄉土料理就像這裡的醬油或味噌一樣，整體的調味偏甜、偏重。因為海岸線長且山地多，有豐富的山珍海味，也受到琉球、奄美等南方島嶼的影響。

（協助拍攝・熊襲亭）

薩摩炸魚餅

將狗母魚、白姑魚、沙丁魚等白肉魚的魚漿，以地產酒、鹽巴調味，再用菜料油炸而成。是作伴手禮也很有人氣的薩摩美食

燉排骨

黑豬排骨以調合味噌、燒酒、黑糖調味，長時間燉煮後再用薑提香

酒壽司

將1：1比例的燒酒與米飯混合，加進當季山珍海味的散壽司。歷史始自江戶時代，有400年之久

わかなほんてん
吾愛人本店

一生要去一次的薩摩鄉土料理老店

創業70年的鄉土料理老店。招牌的味噌關東煮及黑豬肉涮涮鍋等，有多種薩摩鄉土料理和使用當地新鮮食材的菜色。不時有名人來訪，在鹿兒島為首屈一指的名店。

☎099-222-5559　住鹿児島市東千石町9-14　⏰17時15分～22時30分LO　休無休　交天文館通電車站步行3分　P無
MAP P137F4

特選極品黑豬肉涮涮鍋3500日圓～（1人份・2人起出餐）

想在特別的日子時到訪的餐廳

這份名為西鄉膳4200日圓（照片其中一例），有了香魚生切片、土雞生切片、黑豬肉涮涮鍋等，是以嚴選的食材加上專業技術完成的鄉土料理

鹿兒島的醬油跟砂糖一樣甜？

鹿兒島的醬油甜味，讓人懷疑「加了砂糖嗎？」。但這個偏甜的口味與甘薯燒酒極為對味。在伴手禮商店等處也會銷售貼了標籤設計時髦的醬油。100ml280日圓。（丁子屋☎099-226-8686 MAP 134C4）

天文館

きょうどりょうりさつまじ
鄉土料理さつま路

依喜愛選擇單點和套餐

創業於昭和34年（1959）。除了傳統鄉土料理不用說，鹿兒島品牌的黑毛和牛及黑豬肉涮涮鍋也大受好評。具傳統的料理不只套餐還提供單點，可以輕鬆享用非常有魅力。

☎099-226-0525 住鹿兒島市東千石町6-29 ⏰11～14時LO、17時30分～21時LO 休12月29日～1月2日 交天文館電通電車站步行5分 P無 MAP 137F4

色彩鮮艷的丁香魚生切片（一人份750日圓～）

代表鹿兒島的薩摩料理餐廳

島津膳5800日圓，熟悉的丁香魚及排骨之外，還有黑豬肉涮涮鍋等豪華的料理

土雞炙燒生切片
在過去各家自行養雞的時代，當有客人來訪時會端出來款待的料理。土雞的特色是有咬勁的口感

丁香魚生切片
長約10cm的銀色魚身上有著藍色線條，為沙丁魚同類，口味清淡。若做成生切片時，不是沾醬油而是醋味噌

薩摩湯
使用鹿兒島獨特的麥味噌。先以土雞骨熬出高湯，加入雞肉、根菜類、香菇等豐富材料，是營養滿分的味噌湯

鰹魚炙燒生切片
只炙燒了表面的生鰹魚切片。特製的醬汁中，可以依喜好加入薑、大蒜、紅葉蘿蔔泥等來調味

鹿兒島中央站周邊

にほんりょうり あい
日本料理 愛

奢侈地享用由料亭製作的薩摩料理

完全預約制、完全包廂制的日本料理店。在風格優雅的和室中，享用宴席、套餐料理，還有燉排骨、薩摩炸魚餅等招牌薩摩料理。

☎099-252-2251 住鹿兒島市西田1-4-21 ⏰11時30分～13時30分LO、17～21時LO（最晚一天前完全預約制） 休週一（逢假日則翌日） 交JR鹿兒島中央站東口步行4分 P有特約停車場 MAP P136B2

以不外傳的醬汁享用的黑豬肉涮涮鍋套餐4500日圓～

包廂共有6個種類

每月更換的季節宴席、鄉土料理的薩摩宴席等，擺盤也非常鮮艷（照片為季節宴席的其中一例）

📖 「酒壽司」依材料的豪華程度可以知道它是上流階級的食物。在過去是庶民沒吃過的鄉土料理。

不受格局限制的湯頭最有魅力
口味各有不同的鹿兒島拉麵

在豚骨湯底加入各店獨特的口味，鹿兒島拉麵在九州中也大放異彩。
老店的口味、新穎的口味、清淡的、濃郁的，各有不同。

鹿兒島拉麵的特徵是？

基本上是以豚骨湯頭為底，口味溫和的半濁湯汁，麵條為直麵。而在各店家又有不一樣的變化來展現個性，就是鹿兒島的風格

松阪豬叉燒麵
950日圓
燉煮到入口即化的豬肉叉燒！
享受它Q彈的口感

天文館
かごしまらーめん とんとろ てんもんかんほんてん

鹿児島ラーメン 豚とろ
天文館本店

賣點是松阪豬的叉燒

為鹿兒島吹來一股新風潮的排隊名店。在豚骨湯底加入雞骨、魚貝精華的湯頭，相當濃郁。而叉燒使用的是一頭豬只能取到少量的豬頸部位的霜降肉·松阪豬肉，入口即化的口感也讓人為之傾心。濃郁、清淡、淡味、濃味、軟麵、硬麵，可以自己喜好作選擇也是賣點之一。

☎099-222-5857　住鹿兒島市山之口町
9-41　⏰11時～翌日3時30分　休不定期休
交高見馬場電車站步行5分　P無
MAP P137D3

拉麵檔案

口味	濃郁（可依需求調整）
湯頭	豚骨湯底
麵條	中粗直麵

最好要有排隊的心理準備

鹿兒島中央站
ざぼんらーめんあみゅぷらざてん

ざぼんラーメンAMU PLAZA店

口味不變的招牌拉麵

拉麵上放了大量的高麗菜和豆芽菜，分量十足卻口味清淡，從底部攪拌後再享用是美味加分的要訣。昭和21年(1946)創業以來紮根於當地，是一直以來都很受歡迎的代表性鹿兒島拉麵。

☎099-250-1600　住鹿兒島市中央町1-1
AMU PLAZA鹿兒島B1F　⏰10時～20時
30分LO　休無休　交JR鹿兒島中央站東口
步行即到　P使用AMU PLAZA鹿兒島停車
場　MAP P136A3

拉麵檔案

口味	清淡
湯頭	豚骨湯底
麵條	中粗直麵

車站大樓地下街的人氣店

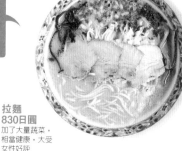

拉麵
830日圓
加了大量蔬菜，相當健康，大受女性好評

拉麵搭『醃漬物』
是鹿兒島
的作風

在鹿兒島一進到拉麵店，和茶一起先端出來的是醋醃白蘿蔔或醃蘿蔔乾。在拉麵上桌前的等待時間會先吃醃漬物是鹿兒島作風。
（照片為「ざぼんらーめん」的醃漬物）

鹿兒島美食 ● 不受格局限制的湯頭最有魅力 口味各有不同的鹿兒島拉麵

天文館
こきんたらーめん
小金太ラーメン

在天文館喝酒後的收尾就在這裡！

組合了豚骨、雞骨、數種類蔬菜、水果、海鮮等各種食材，最自豪的就是熬出各食材精華的湯頭。每桌都有放置著蔥末，將蔥加進喝剩的湯裡，到最後一口都很喝。

☎099-223-9455　住鹿兒島市樋之口町11-5北村ビル1F　⏰11時30分～15時、18時～翌日4時30分　休不定期休　交天文館通電車站步行5分　P4輛(另有指定停車場)　MAP P137D4

拉麵　720日圓
簡單的配料更能充分嘗到湯頭的美味

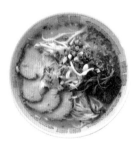

🍜 拉麵檔案
口味	清淡
湯頭	豚骨與雞骨
麵條	中粗直麵

位於市區中，女生一個人也可以很自在

鹿兒島中央站
せいめんだいにんぐじゃんご
製麵ダイニング jango

由製麵技師製作的自製麵條

在充滿設計感的店面入口放置著製麵機，由一級製麵技師的老闆每天現作麵條。使用北海道產的100%自家品牌的小麥，製作出具彈力的新口感麵條，且依不同菜色而改變製法，非常講究。豚骨湯頭沒有腥味，濃郁卻不油膩，口味清爽。

☎099-259-2550　住鹿兒島市中央町21-27松元ビル1F　⏰11時～21時30分LO　休無休　交鹿兒島中央站東口步行3分　P無　MAP P136A3

豚骨拉麵　720日圓
濃郁湯頭與中粗直麵非常對味

🍜 拉麵檔案
口味	濃郁
湯頭	豚骨湯底
麵條	中粗直麵

店內及外觀都是時尚的設計

天文館
さんぺいらーめんてるくにほんてん
三平らーめん照國本店

讓人上癮的濃郁拉麵

最有名的是使用自製長期熟成的味噌以不外傳的製法所製作的黑味噌拉麵。濃郁的湯頭與甘甜的比例絕妙，加上山藥泥讓口味變溫和，或加入自製辛香料「辛味」增加美味，可以依自己喜好作變化。是女性也會喜歡的濃郁口味拉麵。

☎099-210-7888　住鹿兒島市照國町15-13　⏰11時～21時　休無休　交天文館通電車站步行7分　P有特約停車場　MAP P137D2

黑味噌拉麵　750日圓
麵條是可以和湯頭充分融合的訂製捲麵

🍜 拉麵檔案
口味	濃郁
湯頭	味噌湯底
麵條	中粗捲麵

拉麵愛好者偏愛的口味很有人氣

「豚とろ」的分店有鹿兒島中央站前店（MAP P136B3）、「ざぼんラーメン」則有車站內的えきマチ1丁目店（MAP P136A3）

紫甘薯·紅甘薯·安納芋……
大家最喜歡的甘薯甜點

在鹿兒島豐饒的自然中成長的甘薯們
和風、洋風,你喜歡怎樣的甘薯呢?

CAPRESSE是
在LOVELY
加上生巧克力

甘薯半熟蛋糕元祖
·LOVELY,
使用品種是
黃金千貫

Shuri是在元祖
·LOVELY上
加上紫甘薯

口耳相傳
人氣大漲!

輕羹饅頭
(甘薯輕羹)4個入
540日圓
紫甘薯、紅隼人甘薯、
黃金甘薯,滿滿的甘薯
餡各有美味的輕羹饅
頭。可以吃看看不同品
種甘薯的味道。 **D**

甘薯半熟蛋糕·LOVELY(左)
5個入
783日圓
甘薯半熟蛋糕·CAPRESSE
(中)
5個入
864日圓
甘薯半熟蛋糕·Shuri(右)
5個入
907日圓
因為口耳相傳而人氣直昇的甘薯
半熟蛋糕·LOVELY。在天文館
店也可以購得沖繩限定的Shuri
和九州限定的CAPRESSE。 **A**

唐菜戚風蛋糕
874日圓
甘薯經過食用品種的改良,用
葉子與莖所製作的戚風蛋糕。
還有豐富的食物纖維。 **A**

食物纖維
豐富!

ちび棒
324日圓
用甘薯燒酒的酒粕所製作的餅
乾。在2014年曾經獲得農林水
產大臣賞。 **B**

琳琅滿目的甘薯甜點

てんもんかんふぇすてぃばろ

A 天文館フェスティバロ

☎099-239-1333
🏠鹿兒島市吳服町1-1
🕘9〜20時 休無休
🚃天文館通電車站步行2分
🅿有特約停車場 **MAP** P137E3

也有熱呼呼的烤甘薯

さつまいものやかた

B さつまいもの館

☎099-239-4865
🏠鹿兒島市東千石町6-28
🕘10〜19時 休無休
🚃天文館通電車站步行5分
🅿無 **MAP** P137F4

和風甘薯零食大集合

わふうかからいもほんてん

C 和風菓からいも本店

☎099-255-0618
🏠鹿兒島市中央町11鹿兒島中央車站大樓
1F 🕘9〜20時 休無休
🚃JR鹿兒島中央站東口即到
🅿有付費停車場 **MAP** P136B3

説到當地特色零食就是甘薯

如果想要品嘗甘薯質樸的美味，最推薦的就是烤甘薯了。「さつまいもの館」（☞P72）的烤甘薯（1袋108日圓），有紅甘薯、安納甘薯、種子島GOLD等，在不同季節提供不同品種。

花林糖
394日圓
加了燒酒調味，使用名為黃金千貫的品種所製作的花林糖。 B

薩摩いいもん
各432日圓～
甘薯片加了樹莓、肉桂等點綴，是新感覺的甘薯甜點。 E

巧克力甘薯片
648日圓
甘薯片裹上微苦的巧克力。可以同時品嘗到甘薯與巧克力的甜味組合 E

可愛破表！

西洋風唐芋 8個入
1200日圓
材料中加了甘薯的烤糕點，酥脆派皮與淡淡的起司風味非常對味。 A C

かごしまスイートポテトン 10個入
648日圓
造型是可愛小豬的甘薯燒，可愛到覺得吃掉它很可憐（？）。 F

燒からいも2種 2支組
1810日圓
自家農場栽種的甘薯製成的烤糕點。有夢幻品種的太白芋、新品種的紅はるか、7種紫甘薯等。 C

價格也很合理！

薩摩甘薯蛋糕 10個入
540日圓
使用特色是口感黏稠、濃郁甜度的種子島產安納甘薯所製作的一口大小蛋糕。 D

網羅甜點到特產品
かごしまいちば
D かごしま市場
☎099-299-0101
住鹿児島市山之口町12-16 福徳ビル1F
⏰10～21時（週六、日、假日為9時～）・周五、六為～22時）休無休 交天文館通電車站步行1分 P無 MAP P137D3

當地的人氣甜點店
ぱていすりーやなぎむらかごしまちゅうおうえきてん
E Patisserie Yanagimura 鹿兒島中央站店
☎099-257-7199 住鹿児島市中央町1-1 えきマチ1丁目鹿児島 MIYAGE YOKOCHO 内 ⏰8～21時 休無休 交JR鹿児島中央站直通 P付費2044輛 MAP P136A3

有好多能輕鬆購買的伴手禮
やまふくせいか
F 山福製菓
☎099-286-4630
住鹿児島市中央町1-1 えきマチ1丁目鹿児島 MIYAGE YOKOCHO内 ⏰8～21時 休無休 交JR鹿児島中央站站内 P付費2044輛 MAP P136A3

📖 甘薯來到鹿兒島是寶永2年（1705年）。是前田利右衛門從當時的琉球帶進來的。

鹿兒島伴手禮●みんな大好き・芋スイーツ

73

好多鹿兒島的元素！
讓人想帶回家的推薦伴手禮

想要！想買！想帶回家！盡是滿足這3個慾望的逸品。
從「鹿兒島才有的東西」，到「有鹿兒島風格的東西」，全部大集合。

西鄉隆盛變得好可愛

充滿華麗高級感的和菓子

櫻島的特產變成沙拉醬汁

西鄉くん 1個
140日圓
以講究的米粉、水、大納言紅豆製作的最中餅，質樸中又有點懷舊感。鹿兒島的偉人以可愛的模樣登場。 B

薩摩大使さくら
1本756日圓
在鹿兒島糕點，輕盈的外皮中捲入紫甘薯內餡，在口味高雅的和菓子上裝飾鹽漬櫻花，就完成了1～4月限定的人氣商品。 A

青切り小みかんドレッシング 1罐
900日圓
號稱世界最小的櫻島小蜜柑的精華，混合上櫻島產的山茶花油。小蜜柑清爽的酸味非常促進食欲。 F

裝在可愛束口袋的薩摩炸魚餅

包裝上的白熊也好可愛

組合過程也很好玩

束口袋真空組
1080日圓
可以從約10種類的薩摩炸魚餅挑選喜愛的3種。和風圖案很可愛的束口袋也有3個種類供選擇。
（薩摩家いづろ店☞P42）

Shirokuma Pudding Bouchée
5個入756日圓
在鬆軟的麵包中夾進煉乳口味的奶油，重現了鹿兒島招牌甜點，白熊的溫和甜味。 A

鹿兒島黑豬毫微積木
864日圓
以世界最小的迷你積木組合而成的黑豬（高35mm）。鹿兒島的代表性品牌豬變成積木很有趣。 D

網羅鄉土糕點、特產品
かごしまめいひんぐら
A 鹿児島銘品蔵
☎099-812-7662（特產品）
☎099-812-7660（糕點·和菓子）
🏠鹿兒島市中央町1-1えきマチ1丁目鹿兒島MIYAGE YOKOCHO內 🕐7～21時
🚫無休 🚃鹿兒島中央站直通
🅿付費2044輛 MAP P136A3

最佳禮品的各式最中餅
もなかやばあちゃんげえ
B もなかや ばあちゃん家
☎099-812-8511
🏠鹿兒島市中央町1-1AMU PLAZA鹿兒島地下1F 🕐10～21時
🚫無休 🚃JR鹿兒島中央站直通
🅿付費1810輛（另有特約）
MAP P136A3

陳列了微時尚的鹿兒島商品
ぶらんしぇ かごしま まちのえき
C ブランシェ
～かごしま まちの駅～
☎099-248-8881
🏠鹿兒島市呉服町6-5マルヤガーデンズ地下1F 🕐10～20時 🚫不定期休 🚃石燈籠通電車站即到 🅿付費347輛（購物滿2000日圓以上2小時免費）MAP P137E3

鹿兒島機場的「空中便當」也不容錯過！

鹿兒島機場國內線2樓的出境登機口內的商店，有放了兩層枕崎產黑豬肉·鹿籠豬的「鹿籠豬便當」860日圓，也有其他使用鹿兒島食材的「空中便當」。在回程的飛機上享用如何呢？

鹿兒島伴手禮 ● 讓人想帶回家的推薦伴手禮

甘薯燒酒特有的風味讓人超愛

千貫全量 720mℓ
1543日圓
鮮味與甘味的清爽口感。在鹿兒島市內也只有少數店家銷售，是極為稀少的燒酒。想購買的話最好事先詢問一下。 E

只有在鹿兒島才買得到

薩摩路をゆく 720mℓ（盒裝）
1337日圓
為了保留燒酒原有的旨味與濃郁只進行粗略的過濾，是古老製法的甘薯燒酒。只在鹿兒島限定銷售。推薦作為甘薯燒酒愛好者的伴手禮 E

看著地圖遊覽鹿兒島

鹿兒島めぐりクッキー
1盒980日圓
使用櫻島小蜜柑、坊津的鹽、湧水町的黑芝麻等特產品的餅乾組合。10種口味各有3片。 C

西鄉隆盛也推薦的醃漬物

櫻島味噌醃白蘿蔔
700日圓
名耀世界的櫻島大根以鹿兒島的甜味噌醃漬的逸品。讓人上癮的美味搭配茶或白飯都很適合。 F

感覺酒變好喝了

酒杯 1個
各756日圓
烙印了西鄉隆盛與其愛犬ツン的酒杯。用這個喝著甘薯燒酒邊聊著國家天下事，感覺就是幕末志士的心情了！ D

西鄉與ツン的表情煞有趣味

鹿兒島手巾
各1080日圓
有印了西鄉與愛犬ツン，以及掛在脖子上就馬上變身為西鄉的設計等，共有5個種類。 D

趣味商品就在這裡
やまかたやほわっと
D 山形屋What
☎099-227-6500
🏠鹿兒島市金生町3-1 山形屋1号館中4F
🕙10～20時
休1月1日 ⊗朝日通電車站步行1分
🅿810輛(購物滿2000日圓以上2小時免費)
MAP P137E2

入手講究的燒酒
ほうのうさけてん
E 宝納酒店
☎099-225-4510
🏠鹿兒島市堀江町16-7
🕙10～20時 日曜
⊗石燈籠通電車站步行5分
🅿無
MAP P137E3

櫻島伴手禮的必來商店
みちのえき「さくらじま」ひのしまめぐみかん
F 公路休息站「桜島」
火の島めぐみ館
☎099-245-2011 🏠鹿兒島市桜島横山町1722-48 🕙9～18時
休第3週一(逢假日則翌日) ⊗櫻島港步行5分 🅿89輛 MAP P135F4

薩摩炸魚餅是鹿兒島的代表性伴手禮，直接吃就很美味，沾山葵醬油或美奶滋也很好吃哦。

想買來作為紀念品
鹿兒島自豪的傳統工藝品&特產品

雖然不是日常用品，但是在特別的時候會想使用的工藝品，
以及想在家裡靜心品嘗的茶葉等，精選了薩摩的逸品。

胸前裝飾著精美切工的薩摩切子。

大島紬披巾‧直條紋
各12960日圓
傳統工藝師重田茂和的工坊‧RENCONTRE的披巾。觸感舒服，各季節皆可使用，讓人愛不釋手。 A

正式場合和平常時都可使用的披巾

切子墜飾
(圓)13000日圓、(櫻)17280日圓
經過精美切割的薩摩切子的墜飾，享受它在不同光線下變化的色彩。 C

想在一家團聚的餐桌上使用

彫花木筷 2雙組
2160日圓
為了不減損屋久杉美麗的木紋，一支一支手工彫刻的筷子組。筷子本身很輕，和手感覺合為一體了。和重要的人一起用吧。 C

圓滾滾外型的可愛花瓶

豆花瓶
各1620日圓
這個白薩摩花瓶的尺寸很適合放在桌上裝飾，是在指宿市主要製作白薩摩的秋月窯的作品。 A

在過去是嫁妝其中一項

薩摩黃楊木梳（雕刻）
6696日圓～
梳齒不易折斷，而且越用越會呈現美麗光澤，是從江戶時代開始就受女性喜歡的逸品。 A

知覧茶在以市町村為單位的產量是日本第一！

鹿兒島是日本數一數二的綠茶產地。其中知名度最高的就是知覽茶。兒茶素及咖啡因等健康成分不但豐富且品質優良。品種有「やぶきた」「あさつゆ」「ゆかたみどり」等，種類多也是這裡的特色。

西郷どんコレクション
5種類各270日圓

不同產地的煎茶·深蒸茶與美老園的人氣茶中嚴選出5個種類。是很適合作為簡單伴手禮的尺寸。 B

當分送用的伴手禮剛剛好

特選鳳苑 3袋入
3348日圓

嚴選鹿兒島縣內優良產地的當季茶葉。沖泡不必在意熱水溫度，都有十足香氣，放涼後也很好喝。 B

在家裡享用鹿兒島茶的美味

錫花小盤
1個3240日圓

使用薩摩彫金技術敲打而成的錫製小盤。季節花朵的造型，是實用且簡單的設計。 A

和菓子之外，也可以放置小物、乾燥花等

直火黑千代香
5400日圓

將事前稀釋燒的酒裝在裡面加熱後飲用，會更加美味。 C

送給酒豪的朋友就是這個了

鹿兒島伴手禮 ● 傳統工藝品＆特產品

かごしまぶらんどしょっぷ
A 鹿児島ブランドショップ

收集縣內各地的名品

將鹿兒島縣內的伴手禮齊聚一堂的商店。有較高價的傳統工藝品，到200～300日圓的小物等，種類豐富齊全。

☎099-225-6120
住鹿児島市名山町9-1
時9～18時 休過年期間
交朝日通電車站步行11分 P5輛 MAP P137F2

おちゃのびろうえん
B お茶の美老園

有關茶葉就交給這裡了

銷售種類齊全的鹿兒島茶。不知如何選擇時，也可以向擁有日本茶顧問執照的店長詢問。店裡也有銷售用茶製作的甜點。

☎099-226-3441 住鹿児島市中町5-2 時10～19時 休無休 交天文館通電車站步行3分 P無 MAP P137E3

かんこうぶっさんかん いけはたてんもんどう
C 観光物産館 池畑天文堂

天文館的伴手禮老店

從電車通走進天文館拱廊即到的位置，最適合在觀光途中順路前往。店家原創商品的種類也很豐富。

☎099-226-5225
住鹿児島市東千石町14-5 時10～20時
休無休 交天文館電車站步行即到 P有特約停車場 MAP P137D3

位在櫻島上的櫻岳陶藝（MAP P57）是使用腹地內湧出的溫泉水及火山灰來製作陶器。獨特的風味很受陶器愛好者的歡迎。

學習代表薩摩的兩大傳統工藝

冠上"薩摩"之名的工藝品有數樣，
而薩摩切子與薩摩燒，是在鹿兒島也非常特別的傳統工藝品。

薩摩切子
工匠精粹的切割技法，完成讓人沉醉的漸層

Q 什麼是薩摩切子？

A 在江戶時代後期的短短數十年間，於薩摩製作的玻璃雕花

在無色玻璃裏上有色玻璃，再經過切割、研磨來呈現圖案。與江戶切子相比，特色是裏上較厚的有色玻璃。在玻璃上緩慢地施以切割，作出薩摩切子獨特的「暈染」。

最近也有在傳統的圖案加上嶄新設計的作品

Q 薩摩切子的歷史是？

A 成為夢幻逸品的薩摩切子時隔120年再次復活

薩摩藩的玻璃製造是始於江戶時代後期，在島津家第28代・齊彬一代有色玻璃的研究發展迅速，成功開發出日本第一個紅色玻璃，並在磯地區建設的「集成館」正式開始製造薩摩切子。但在安政5年（1858）齊彬驟逝，爾後工廠在薩英戰爭被燒毀，在明治10年（1877）的西南戰爭時停止製造。這個一度成為夢幻逸品的薩摩切子是在昭和60年（1985）復活。在集成館所在地磯建設了**薩摩玻璃工藝**（MAP P135D1）的工房，正式開始復興事業。

現在的磯工藝館

施以細緻的切工

Q 薩摩切子是怎麼製作的？

A 重疊玻璃以細緻的切工製作

1 調合～熔融

以規定比例混合玻璃原料後放入熔爐中，將熔爐溫度加溫到1500℃進行熔融。

2 裏色～吹型

在透明的玻璃裏上一層有色玻璃來製作成雙層玻璃，再以吹製模型等技法調整形狀。

3 上切割線

在玻璃上依照圖案畫上分割線，進行切割。依畫上的線來決定切割方式。

4 切割～研磨

依上個製程畫上的分割線進行切割。之後再以木盤、刷子、海綿的順序進行研磨。

來這裡看看！

陶工之鄉・美山

鹿兒島的陶工分散居住在縣內各處，而距鹿兒島市區車程約30分的美山就是其中之一。現在這裡有11座陶窯，延續著傳統的同時，還誕生出不少融合了現代風的作品。每年10月下旬～11月初旬會舉行陶窯祭，熱鬧不已。**MAP** 隨身地圖正面C3

｛ 薩摩燒 ｝ 在白底畫上華麗圖案的白薩摩，與質樸剛健風格的黑薩摩

Q 薩摩燒是怎樣的東西？

A 朝鮮半島渡海而來的陶工們，活用其技術所製作的陶器

白薩摩是淡黃色的陶器淋上透明釉藥，再施以華麗的彩繪，黑薩摩則是使用含鐵量多的陶土，塗上黑色釉藥。白薩摩的特色是表面有著名為「貫入」的細緻裂紋。

Q 白薩摩和黑薩摩是？

A 亦被稱為「(白薩摩)、黑もん(黑薩摩)」，是一直以來被各階層的人喜愛的器皿

使用珍貴的白土並施以美麗裝飾的白薩摩，是上流階級的器皿。而使用容易入手的黑土製作成具厚度的黑薩摩，被庶民作為生活道具使用。

A 在日常生活中深受喜愛的黑薩摩 **B** 有金色緣線等豪華裝飾的白薩摩

Q 薩摩燒的歷史是？

A 始於出兵至朝鮮半島的島津義弘帶回的陶工們

島津家第17代・義弘跟隨豐臣秀吉出兵朝鮮，在回程途中從朝鮮半島帶回幾位陶工。他們分散居住在縣內各地並各自開設陶窯。這就是薩摩陶器的開端。雖然陶工有居住區域及禁止姓氏變更的限制，但在薩摩藩的庇護下持續製作著陶器。而薩摩陶器開始名揚世界是在慶應3年（1867）的時候。當時在巴黎舉辦的萬國博覽會上，薩摩藩以陶器參展，東洋風的彩繪與施以金箔的華麗氣氛，讓歐洲的人們為之傾倒，而開始有大量作品輸出至國外。一直到現代，於2002年已被日本指定為國定傳統工藝品。

數個薩摩陶窯接連而成的龍窯

Q 白薩摩是怎麼製作的?

A 鏤空雕刻與彩繪等在上釉織前有許多細微的工程

1 轉盤成型

旋轉轉盤的同時慢慢地塑形，每次都可完成同形狀、同尺寸、同重量的作品。

2 鏤空雕刻

在黏土乾燥之前，用名為「剞」的工具施以鏤空的雕刻。

3 燒製

器皿以約250℃的溫度燒製而成。燒製完成的作品會縮小約2成。

4 彩繪

在製燒完成的器皿上以純金描繪邊線，在線條當中再點綴上顏色。

鹿兒島市區住宿

在九州新幹線全線開通後
更加提昇等級
以下精選了鹿兒島市區
的住宿！

城山
しろやまかんこうほてる
城山觀光酒店

櫻島景觀的高規格飯店

位在可以俯瞰鹿兒島市區的城山高台上，在館內各處皆可眺望到聳立於錦江灣上的櫻島等美麗景色。早餐自助餐有和、洋式約80種菜色，產地自銷的和、洋、中、及高級日本料理各式餐廳等，在料理方面也有一定的好評。因為可一望櫻島風景的展望溫泉不住宿也可欣賞，來試從浴池裡欣賞櫻島風景吧（不住宿溫泉2484日圓（不含溫泉稅））。

DATA ☎099-224-2211 住鹿兒島市新照院町41-1 交JR鹿兒島中央站東口車程10分 分有接送服務（鹿兒島中央站有接駁巴士）P1000輛 Y1泊2食 13650日圓～、假日前1天16890日圓 IN14時 OUT11時 ●鋼筋10層樓建築 ●全365室（洋室363、和洋室2）●泉質：碳酸氫鹽泉 ●浴池:內池2 露天2 MAP P137D1

以美景與美人之湯而聞名的展望露天溫泉「薩摩之湯」

和、洋、中式的餐廳齊全，只是來用餐的客人也不少

天文館
れむかごしま
雷姆鹿兒島飯店

以講究舒眠為概念的飯店

為了透過五感來感受「舒適睡眠」而設計的飯店。全部房間皆備有原創床組「Silky remm」，肯定讓你在旅程中也能保有舒適的睡眠。房內有淋浴間、按摩椅等放鬆身體的設備。**DATA** ☎099-224-0606 住鹿兒島市東千石町1-32 交天文館電車站步行1分 P42台（1泊1200日圓）Y1泊單人房1800日圓～、假日前日亦同 IN14時 OUT12時 ●鋼筋13層樓建築 ●全251室（S88・W80・T82・其他1）MAP P137D3

天文館
りっちもんどほてるかごしまてんもんかん
鹿兒島天文館里士滿飯店

就位在拱廊內的優秀地點

位於天文館G3拱廊接近中間的位置。全部房間皆附有附加濕功能的空氣清淨機、免費網路、Wi-Fi）。針對女性及兒童也有贈送備品。**DATA** ☎099-239-0055 住鹿兒島市千日町14-28 交天文館通電車站步行3分 P有特約停車場（1泊1000日圓）Y1泊單人房7700日圓～、假日前日需洽詢 IN14時 OUT11時 ●鋼筋11層樓建築 ●全125室（S55・W50・T19・其他1）MAP P137E3

天文館
ほてるげーといんかごしま
鹿兒島千客萬來旅店

在天文館有附半露天浴池的房間

客房為沉穩風格，舒適浴場景觀臺客房、雙床客房、雙人床客房外也有和室客房。頂樓還有限定5間的超值浴池露臺客房，在露台上可以享受半露天的浴池。地點就位在天文館附近也是賣點之一。**DATA** ☎099-223-9100 住鹿兒島市船津町5-20 交天文館通電車站步行5分 P70輛（1泊900日圓～）Y1泊單人房5400日圓～、假日前1日5600日圓～連休最終日4950日圓～ IN15時 OUT11時 ●鋼筋10層樓建築 ●全72室（S51・和室6・T6・其他9）MAP P137E3

天文館
さんでいずいんかごしま
Sun Days Inn鹿兒島

以低價格享受設計感的空間

融合了舒適的IT設備與美麗的北歐風家具的概念飯店。有女性限定的女性樓層，安全性十足。豪華的客房卻是合理的價格設定也很有魅力。**DATA** ☎099-227-5151 住鹿兒島市山之口町9-8 交天文館通電車站步行5分 P94輛（1泊1000日圓）Y1泊單人房5550日圓～、假日前日需洽詢，假日為4650日圓～ IN15時 OUT11時 ●鋼筋14層樓建築 ●全351室（S263・T16・其他72）MAP P137D3

天文館
かごしまぷらざほてるてんもんかん
鹿兒島PLAZA飯店天文館

享用講究的早餐

自製土雞咖哩、現烤麵包等，多樣的早餐菜色是這裡自豪的特色（另需付費）。在大廳的漫畫圖書館有3000本藏書，還有洗髮精間有25種洗髮精可供選擇。另外1個房間依住宿日數可獲得可任選的入浴劑。**DATA** ☎099-222-3344 住鹿兒島市山之口町7-8 交天文館通電車站步行5分 P48輛（1泊1000日圓）Y1泊單人房5700日圓～、假日亦同 IN15時 OUT10時 ●鋼筋13層樓建築 ●全220室（S202・T4・Q14）MAP P137D3

源泉放流式　房內用餐　附美容中心　有禁菸房　有大浴池　一人可入住

溫泉飯店 中原別莊

天文館
おんせんほてるなかはらべっそう

在市區中心享受天然溫泉

從地底800m湧出的天然溫泉，不加水也不加熱也不貯水，是源泉100%的放流式溫泉。大浴池中也有露天浴池。客房禁煙且建築物經過耐震補強，讓你在這裡渡過更舒適的時間。**DATA**☎099-225-2800 ⓭鹿兒島市照國町15-19 ❌天文館通電車站步行6分 Ⓟ30輛(1泊540日圓) ❶1泊食10950日圓～、假日前1日為13110日圓～ Ⓛ IN15時 OUT10時 ●鋼筋7層樓建築 ●全57室(和52·洋5) ●泉質:氯化物泉 ●浴池:內湯2 露天1 **MAP**P137D2

南洲館飯店公寓

天文館
HOTEL&RESIDENCE南洲館

划算的特色優惠專案不能錯過

用直徑70cm的大火鍋享用黑豬肉涮涮鍋・くろくま(1人份4500日圓～)和くろくまラーメン、熊襲鍋、豚武寺拾神釆也很有人氣。長期住宿的話還有附小廚房客房的連住專案。**DATA**☎099-226-8188 ⓭鹿兒島市東千石町19-17 ❌天文館通電車站步行8分 Ⓟ31輛(1泊1000日圓) ❶1泊單人房6300日圓～、假日、假日前1日亦同 Ⓛ IN16時 OUT11時 ●鋼筋9層樓建築 ●全62室(S30·T5·其他27) **MAP**P137E2

鹿兒島JR九州酒店

鹿兒島中央站周邊
じぇいあーるきゅうしゅうほてるかごしま

車站直通，從剪票口步行1分

從新幹線剪票口步道即到。JR、市電、巴士、機場利木津等，各種交通方式都很便利。有休閒的STANDARD TOWER（南館）和EXECUTIVE TOWER（北館），在1樓還有鄉土料理的餐廳。**DATA**☎099-213-8000 ⓭鹿兒島市武1-1-2 ❌JR鹿兒島中央站步行即到 Ⓟ有特約停車場 ❶1泊單人房7000日圓～假日前需洽詢 Ⓛ IN14時 OUT11時 ●鋼筋8層建築 ●全247室(南S86·T27·北S117·T17) **MAP**P136A3

鹿兒島阿比克酒店

鹿兒島中央站周邊
ほてるあーびっくかごしま

高機能性的明智選擇

最自豪的是洗練設計的客房。時尚的空間已超越商務飯店的概念。也備有女性樓層和可一望櫻島風景的客房。提供薩摩炸魚餅與雞絲飯等鄉土料理的早餐也很受人歡迎。**DATA**☎099-214-3588 ⓭鹿兒島市武1-3-1 ❌鹿兒島中央站西口步行1分 Ⓟ特約停車場40輛(1泊800日圓) ❶1泊單人房7500日圓～、假日前日、假日需洽詢 Ⓛ IN15時 OUT10時 ●鋼筋14層樓建築 ●全238室(S205·T31·其他2) **MAP**P136A3

鹿兒島索拉瑞亞西鐵酒店

鹿兒島中央站周邊
ソラリア西鉄ホテル鹿児島

鹿兒島中央站正對面的優秀地點

位在複合式鹿兒島中央車站大樓的7～14樓。具備過人的地點、交通、視野、頂級客房。1樓為可直通鹿兒島機場的高速巴士站。**DATA**☎099-210-5555 ⓭鹿兒島市中央町11番地 ❌JR鹿兒島中央站東口步行3分 Ⓟ有特約停車場(1泊1200日圓) ❶1泊單人房7000日圓～、假日前日亦同 Ⓛ IN15時 OUT11時 ●鋼筋14層建築 ●全232室(S126·T41·W65) **MAP**P136B3

Taisei酒店 別館

鹿兒島中央站周邊
ホテル タイセイアネックス

同時享受美食與放鬆設備

大方使用鹿兒島食材的料理有一定的好評。男性可以使用24小時營業的三溫暖及大浴池。女性剛提供有任選3樣備品的禮物。**DATA**☎099-257-1111 ⓭鹿兒島市中央町4-32 ❌鹿兒島中央站東口步行3分 Ⓟ200輛(1泊800日圓) ❶1泊單人房5500日圓～、假日亦同，假日前日6000日圓～ Ⓛ IN15時 OUT11時 ●鋼筋9層樓建築 ●全166室(S86·T71·W5·三人房5·其他5) **MAP**P136B3

鹿兒島Gasthof飯店

鹿兒島中央站周邊
びじねすほてるがすとふ

以進口家具增色的飯店

氣氛有如歐洲小旅館般的飯店。客房中摩登古典的家具及寢具，讓人沉浸在浪漫的氣氛中。在西洋風的寬敞空間中享受舒適的時光。**DATA**☎099-252-1401 ⓭鹿兒島市中央町7-1 ❌鹿兒島中央站東口步行5分 Ⓟ有特約停車場(1泊800日圓) ❶1泊單人房5400日圓～、假日前日6200日圓 Ⓛ IN16時 OUT10時 ●鋼筋2層樓建築物 ●全48室(S23·T14·W6·其他5) **MAP**P136B3

鹿兒島絲綢旅館

鹿兒島中央站周邊
しるくいんかごしま

源泉放流式天然溫泉的玫瑰浴

雖然位在市中心，卻有從地底700m湧出的源泉放流式天然溫泉，大浴池還備有露天浴池。另提供女性客人季節限定的玫瑰浴。**DATA**☎099-258-1221 ⓭鹿兒島市上之園町19-30 ❌鹿兒島中央站東口步行5分 Ⓟ50輛(1泊500日圓) ❶1泊單人房6700日圓～、假日前日亦同 Ⓛ IN15時 OUT11時 ●鋼筋7層樓建築 ●全96室(S73·T18·W5) ●泉質:氯化物泉 ●浴池:內湯4 露天1 **MAP**P136B4

加倍樂趣專欄 fumu fumu

太奢侈了! 在市區的澡堂是天然溫泉

在市區範圍內的澡堂可以享受天然溫泉，
這是溫泉天國鹿兒島才有的體驗。令人開心的奢侈享受。

市內的源泉數約有270處！與當地居民的生活息息相關

有著霧島連山及櫻島等活火山的鹿兒島，在縣內到處都有溫泉湧出，可以說是一出門就是溫泉地。鹿兒島市的源泉大約有270個。位於市內約50處的澡堂，當然引的也是溫泉水。溫泉和市民的生活息息相關。

價格親民也很有魅力還有可以飲用的溫泉

在市內的澡堂的入浴費用，幾乎都是大人390日圓這種親民的價格。說是澡堂但不只有大浴池，有不少澡堂還備有三溫暖、水柱池、氣泡浴、按摩浴池等多種設備，一般營業時間是清晨5～6時到晚上22時。

◀有很多設施為可飲用的溫泉

----(想嘗試的人看這裡)----

城山
てんねんおんせんゆのやま
天然溫泉 湯乃山
泉質為鹼性單純溫泉

趁歷史觀光的空檔來泡個澡！就位在西鄉隆盛終焉的地碑附近，以泉質優良而聞名的住宿區的名澡堂。浴池之外還有7處可包場的浴池，費用都是1人1小時500日圓。

☎099-227-2641 住鹿兒島市城山町12-1 ¥500日圓 ⏰7～21時入場 休週二 交薩摩義士碑前巴士站步行3分 P15輛 MAP P134C2

東開町(鹿兒島市周邊)
のてんぶろ さつまいろはのゆ
野天風呂 薩摩いろはの湯
泉質為炭酸氫納泉

有11種類的浴池
是設置有洞窟、負離子等11種特殊的浴池，以及熱紅外線、麥飯石等3種類的三溫暖、按摩室、用餐處的超級澡堂。

☎099-210-2123 住鹿兒島市東開町3-65 ¥390日圓 ⏰10～24時(週六、日、假日為9時～) 休第2週二(8、12月無休) 交JR谷山站車程7分 P200輛 MAP P61A1

天文館周邊
きりしまおんせん
霧島溫泉
泉質為氯化物泉

創業於大正時代。浴室使用有田燒的磁磚，是充滿復古氛圍的名溫泉。

☎099-222-4311 住鹿兒島市西千石町6-20 ¥390日圓 ⏰6時～22時30分 休每月15日(逢假日為15日的前後日) 交高見馬場電車站步行5分 P6輛 MAP P136C2

下荒田(鹿兒島市周邊)
たけさこおんせん
竹迫溫泉
泉質為氯化物泉

創業有120年以上，但設施仍很新穎。保留了收費櫃台，維持古老風格的澡堂風貌。

☎099-255-1954 住鹿兒島市下荒田3-22-10 ¥390日圓 ⏰5時30分～22時30分 休第3週二 交荒田八幡電車站步行6分 P28輛 MAP隨身地圖正面D4

鹿兒島站周邊
なめがわおんせん
滑川溫泉
泉質為單純泉

泉質含有優質的鐵質而呈現獨特的茶色。創業於1953年，也備有家庭浴池。

☎099-222-5339 住鹿兒島市上本町4-3 ¥390日圓 ⏰6～22時 休週四 交鹿兒島站前巴士站入口巴士站步行1分 P6輛 MAP P134C2

城山
しろやまちょうじゅせん
城山長壽泉
泉質為炭酸泉

位於西鄉洞窟前。岩石造型的浴池，可享受豐富水量的放流式天然溫泉。

☎099-225-1812 住鹿兒島市城山町20-1 ¥390日圓 ⏰10～22時 休無休 交西鄉洞窟前巴士站步行即到 P6輛 MAP P134B3

在自然環繞的霧島盡情享受溫泉？
還是在神話般的世界中補充能量?!

據說霧島是天孫降臨傳說地之一。
參拜完能量景點，霧島神宮之後，
再用溫泉旅館的料理與溫泉暖和身心。
在春天還可以走遠一點到蝦野高原或生駒高原。

霧島是
這樣的地方

位在神話棲息的雄偉霧島山,是受山林恩惠的溫泉鄉,同時也可進行高原休閒活動。

觀光景點有5個地區

祭祀天孫降臨傳說的主角·瓊瓊杵尊的霧島神宮之外,還有風情各異的名湯霧島溫泉鄉、妙見·安樂溫泉鄉、霧島神宮溫泉鄉、賞花勝地生駒高原,及以高山健行景點聞名的蝦野高原等,鹿兒島的代表性觀光勝地散布其中。

要獲得霧島·蝦野地區的觀光情報就來這裡!

可以到位在霧島溫泉市場(☞P93)的霧島溫泉觀光服務處、或霧島神宮附近的霧島市觀光服務處。蝦野高原的諮詢則到蝦野自然生態博物館。

洽詢 霧島溫泉觀光服務處 ☎0995-78-2541
洽詢 霧島市觀光服務處 ☎0995-57-1588
洽詢 蝦野自然生態博物館 ☎0984-33-3002

肥薩線的2種觀光列車

一條是鹿兒島中央站到吉松站之間的「隼人之風」(鹿兒島中央站~隼人站為日豐本線)。另一條是吉松站到熊本線的人吉站之間的「伊三郎·新平」。在霧島地區可以體驗2種觀光列車。(☞P94)

霧島溫泉鄉

由林田、丸尾、湯之谷、新湯、關平、硫黃谷、栗川、殿湯、野野湯等9個溫泉所組成。有很多提供純泡湯的設施。即使是溫泉天國鹿兒島,溫泉蒸氣也很少見,在霧島則在山間皆彌漫著溫泉蒸氣,可感受到溫泉旅行的風情。

詳細看這裡
丸尾瀑布 ☞P92
霧島溫泉市場 ☞P93
霧島岩崎飯店 ☞P93

みょうけんおんせん
妙見溫泉
(妙見·安樂溫泉鄉) 2
···P90
位在優美清澈的新川溪谷沿岸的閑靜溫泉。有很多留有舊時風情的湯治溫泉及旅館。

詳細看這裡
妙見石原莊 ☞P90
忘れの里 雅敘苑 ☞P91

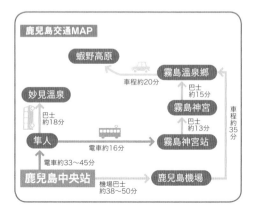

鹿兒島交通MAP

蝦野高原 — 車程約20分 — 霧島溫泉鄉
妙見溫泉 — 巴士約18分 — 隼人
霧島溫泉鄉 — 巴士約15分 — 霧島神宮
隼人 — 電車約16分 — 霧島神宮站
霧島神宮 — 巴士約13分 — 霧島神宮站
車程約35分
鹿兒島中央站 — 電車約33~45分 — 隼人
鹿兒島中央站 — 機場巴士約38~50分 — 鹿兒島機場

えびのこうげん
蝦野高原 ③

···P88

位在霧島錦江灣國立公園的一角，是標高1200m的高原。最有名的是叢生的九州杜鵑花，但四季不同的花種也很精采。

霧島

稍微走遠一些

いこまこうげん
生駒高原···P88

這裡為標高550m的高原，秋天有波斯菊，春天有冰島罌粟等，可以欣賞到佈滿廣大腹地有如地毯的花海。

きりしまじんぐう
霧島神宮 ④

···P86

因為霧島山的火山噴發而反覆地燒毀與重建，是具有悠久歷史的古老神宮。塗成朱色的社殿被登錄為國家重要文化財。

きりしまじんぐうおんせんきょう
霧島神宮溫泉鄉 ⑤

遍佈在霧島神宮周邊的溫泉地。從歐風民宿到大型飯店，有各式種類的溫泉住宿。

詳細看這裡
霧島民藝村 ☞P92
霧島天狗館 ☞P92
櫻櫻溫泉 ☞P93

意外的寬敞

霧島市其實非常大

溫泉地及霧島神宮其實只是霧島市的一部份，是位於北側的部分。南側廣達錦江灣，黑醋之鄉福山也是屬於霧島市。

一望櫻山的福山黑醋壺田（☞P96）

全國數一數二的能量景點
到霧島神宮參拜吧

神秘的霧島七件不可思議傳說、充滿幻想的古代神話…
威風凜然地鎮座在天孫降臨之地，莊嚴又華麗的姿態震撼人心。

能量景點

きりしまじんぐう
霧島神宮

被神話及傳說所增色的神聖區域

這裡是祭祀建國神話的主角瓊瓊杵尊、獨具風格的古老神宮，四周被聳立杉木包圍的朱色社殿等已被指定為國家重要文化財。在西元6世紀中期創建於高千峰山頂，因為霧島山不斷噴發，歷經西邊山腰、高千穗河床，最後遷移至現址。神聖自然力量的霧島七不可思議傳說散佈其中（☞P133）

☎0995-57-0001 住霧島市霧島田口2608-5 ¥●休腹地內自由參觀（祈願及授與所等為8~18時）交JR霧島神宮站車程10分 P500輛 MAP P138C3

✂ ✂ 保祐加倍!? ✂ ✂
さかほこくめん くめんもり
逆鉾九面・九面守

以天狗表情呈現天孫降臨神話中登場的九柱神明，據說是會帶來「萬事順利」的好運。

逆鉾九面1200日圓。純手工製作，數量有限，有看到就要馬上買下來！

九面守1支800日圓。全部共有9種類。全部收集齊保祐會多9倍？

ちょくしでん
勅使殿

正德5年（1715），與本殿一樣因為島津家第21代・吉貴的捐獻而得以重建。

きゅうさんどう
舊參道

在參道旁可以看到霧島七不可思議傳說的「風內」、「龜石」

かめいし
龜石

據說是未遵守與神明的約定而變成石頭的烏龜

さかもとりょうま・おりょう
坂本龍馬・阿龍

穿越表參道可抵達的展望所設置了坂本龍馬・阿龍的紀念看板

大鳥居附近
有免費的足湯

就在神宮大鳥居旁的霧島市觀光服務處前，任何人都可以使用。「足湯霧島」設有屋頂，一次可以供約10個人使用。參拜後順路去泡個足湯吧！
☎0995-57-1588 (霧島市觀光服務處) **MAP**P138C3

はいでん
拜殿

朱色與黃色的美麗對比。只能在外面參觀，一般客人無法登殿

新神樂殿

ごしんぼく(きりしままめあさ)
御神木(霧島蒲生杉)

高38m、樹圍7m、樹齡約800年的御神木，據說是南九州杉樹的祖先

在樹幹上的樹瘤看起來像戴著烏帽的神明

P 第二停車場

P 巴士專用停車場

P 第一停車場

表參道

二之鳥居

社号標

晚秋時節在第二停車場附近的楓紅

\ 龍馬也來過！ /

坂本龍馬、阿龍夫妻在登上高千穗峰頂後來此參拜，據說對巨大的御神木與壯觀的神殿感到非常驚訝。

兩人還去了
這些地方

いぬかいのたき
犬飼瀑布

高36m、寬22m，被選為新鹿兒島百景第1名的美麗瀑布。在舊道沿途上也有觀瀑台。
☎0995-45-5111(霧島市觀光課) **住**霧島市牧園町下中津川 **¥⑭休**自由參觀 **交**溝辺鹿兒島機場IC車程20分 **P**10輛 **MAP**P138A4

しおひたしおんせんりょうまこうえん
鹽浸溫泉龍馬公園

龍馬夫妻滯留最久的就是鹽浸溫泉。現在是可純泡湯的溫泉及設有資料館的公園。
☎0995-76-0007 **住**霧島市牧園町宿窪田3606 **¥⑭休**園內自由參觀 ※入浴360日圓、資料館200日圓 **⑭**9~18時(週一到17時) **休**無休 **交**溝辺鹿兒島機場IC車程15分 **P**20輛 **MAP**P138A4

浪漫的百花巡禮
在蝦野高原化身登山女孩

在霧島的高原有著多數珍貴且美麗的花朵。
來見一下這些傳達季節變化的花朵們吧。

えびのこうげん
蝦野高原

享受大自然吧！感動著為四季增色的植物與湖景

蝦野高原位在宮崎與鹿兒島縣界，標高1200m，有著叢生的美麗芒草與九州杜鵑等。是日本第一座國立公園，內有白紫池、六觀音御池、不動池的3個美麗的火口湖，周遊約1小時40分。因為步道也整備齊全，和導覽人員一起享受健行吧。
☎0984-33-3002(蝦野自然生態博物館) 住えびの市末永 ¥休自由入園 交九州自動車道蝦野IC車程35分 P200輛(1次500日圓) MAP P138C1

杜鵑之丘公園的
九州杜鵑
5月中旬～6月中旬
春天時就像為蝦野高原披上紅紫色地毯一樣

春天時就像為蝦野高原披上紅紫色地毯一樣

◀不管誰都可以輕鬆挑戰健行

遊湖行程

所需時間 **1小時40分**

① 蝦野自然生態博物館 → 步行10分 → ② 蝦野展望台 → 步行20分 → ③ 二湖全景觀景台 → 步行20分 → ④ 六觀音御池觀景台 → 步行30分 → ⑤ 不動池 → 步行20分 → ⑥ 蝦野自然生態博物館

※2018年5月1日發表硫黃山周邊的火山噴發預警級別為2(火口周邊限制進入)。想入內散步的話，請事先向蝦野自然生態博物館洽詢。

遊湖洽詢處
●Kirishima Nature Guide Club
☎090-3739-4814(古園先生) ¥依人數而異

いこまこうげん
生駒高原

這裡也很漂亮

色彩繽紛的花朵迎接著來訪遊客

高原位於霧島山脈的山麓，標高550m。四季分明，約有20種類以上的花毯覆蓋著高原。也有銷售種類豐富伴手禮的商店。
☎0984-27-1919(花の駅生駒高原) 住小林市南西方8565-28 ¥520日圓(12～3月上旬為免費) 時9～17時 休無休 交宮崎自動車道小林IC車程5分 P1000輛 MAP隨身地圖正面F2

油菜花
3月中旬～4月中旬

約35萬株的油菜花將山坡染成一片黃色。花季結束後會收成製作成菜籽油銷售

彩虹菊
4月上旬～5月上旬

花莖低矮，粉彩色的花朵有豐富的顏色。近看遠看都美

冰島罌粟
4月中旬～5月下旬

宣告生駒高原春天到來的彩色花朵。在5月涼爽微風中搖曳的花朵非常惹人憐愛

＊可以欣賞到這些花卉＊

天女木蘭
6月～7月初

優雅的白色花朵散發著甘甜的雅致香氣，在蝦野自然生態博物館也看得到。

野海棠
4月下旬～5月上旬

只存在於霧島山的花朵。蝦野高原的原生地被指定為國家天然記念物。

香蠟瓣花
4月中旬～5月中旬

九州只有霧島山脈才有，花朵有著豐潤香氣。露營場附近及車道沿岸見得到蹤跡。

🏮 遊湖行程

びゃくしいけ
白紫池
冬季湖面會結冰

火口壁有一部分缺陷，因此累積雨水不多，水深只有約1m。在1989年為止還曾是天然溜冰場。

六觀音堂
④ 六觀音御池展望台
健行路線
N
50m
白鳥山北展望台
白紫池
六觀音御池
往甑岳
二Niko(Two lakes)
③ Panoramic Observation Point
甑岳登山口
往小林
往蝦野市區
蝦野展望台
②
⑤ 不動池
硫黃山
蝦野高原莊
韓國岳登山口
賽の河原
足湯の駅えびの高原
すすきヶ原
①⑥ 蝦野自然生態博物館
つつじヶ丘
往韓國岳
↓往霧島

ろっかんのんみいけ
六觀音御池
超高透明度的美麗湖泊

霧島48池中最美麗的湖泊。闊葉樹及針葉林交織而成的紅葉讓人嘆為觀止。

ふどういけ
不動池
陽光的漫射閃耀七色光彩

水深9m、直徑210m的火口湖。從縣道可以一望這座鈷藍色酸性湖的美景。

あしゆのえきえびのこうげん
足湯の駅えびの高原
稍作小憩的景點

足湯之外還有陳列零食、雜貨的商店、咖啡廳、提供宮崎美食的餐廳。

えびのえこみゅーじあむせんたー
蝦野自然生態博物館
學習霧島的大自然

透過看板及影像，簡單易懂地說明蝦野高原的自然與動植物的自然博物館。在自駕兒風和登山之前，最好先繞來這裡收集一下資訊！**MAP** P138C1

つつじがおか
つつじヶ丘
花季5月下旬～6月上旬

可以輕鬆欣賞養生的九州杜鵑的景點。來這座被染成紅紫色的山丘散步吧。

すすきがはら
すすきヶ原
展現蝦野的秋季風情

位在韓國岳山麓的平原，進入秋天就可以看到蘆草隨風搖曳的風景。

花菱草
4月中旬～5月下旬

特色是長得像罌粟的可愛圓形花瓣。賞花季就比冰島罌粟早一些

大波斯菊
9月下旬～10月下旬

廣達16萬㎡的花圃中種有10萬、100萬株，勢甚驚人。是生駒高原的秋季風情。

夜間的燈飾也很美！

在每年的10月時就會舉行的「Night Cosmos」，會用約2萬個蠟燭及約300個燈籠將大波斯菊環繞起來，還會施放煙火，極為浪漫！

在妙見溫泉要住一晚的話
就選擇令人嚮往的溫泉旅館吧？

位在天降川溪谷沿岸的妙見溫泉中，
可度過特別時光的2大貴婦旅館，來犒賞自己一下吧。

妙見石原莊
みょうけんいしはらそう

名泉、美食、眺望、款待…
充滿極品的奢侈住宿

位在天降川畔，被耀眼的綠意圍繞的閑靜地點。是由管理溫泉溫度的「湯守」、及裝飾花朵的「花守」等專業人員所創造出來的高質感空間，可以享受到最高等級的款待。而讓美食家不禁頻頻讚嘆的季節美食，也用了美麗器皿來裝盤等，到處可看得出講究。自豪的溫泉是設在源泉旁的川畔露天及包租浴池「睦實之湯」。如果追求更有隱私的住宿，可以選擇從石造倉庫移建並再利用的別館，石藏，以及2015年完成的本館附露天浴室的客房。

☎0995-77-2111 🏠霧島市隼人町嘉例川4376 🚗溝辺鹿児島空港IC車程15分 ※有接送計程車（小型1台1200日圓、需預約）🅿50輛 ●木造1層樓建築、鋼筋4層樓建築、2層樓建築別館 全19室 ●1966年開業 ●泉質：炭酸泉 ●浴池：內湯1 露天3 客房露天5 MAP P138A4

費用	1泊2食
✚ 平　　日	23910日圓～
✚ 假日前日	27474日圓～
🕐 IN16時	OUT10時

不住宿溫泉專案
包含放流式溫泉與講究的午餐的不住宿溫泉專案4752日圓～（需預約）也頗受好評。

厚重感十足的石造倉庫，但又帶有設計感印象的「石藏」

也可以這樣放鬆

1
在客房享受天降川的景色

2
享用迎賓飲料稍作休息

3
悠閒泡個包場浴池

4
在客房來個按摩（60分7800日圓～）

1

2

3

1位在客房內的專用露天浴池，可以不在意時間舒適入浴 2石藏的貴賓室設有寢室和寬敞的客房 3像畫廊一樣的本館大廳，有飲泉杯1600日圓等伴手禮

源泉放流式 🏠房內用餐 附美容中心 有禁煙房 有大浴池 一人可入住

妙見溫泉是
這樣的地方

妙見·安樂溫泉鄉從鹿兒島機場出發約需20分車程，散布在天降川上游溪谷的沿岸。其中妙見溫泉擁有不少活用自然景觀、充滿溫泉地風情的旅館，獨特氣氛的療癒度破表，也有為數不少的常客。

忘れの里 雅叙苑
わすれのさと がじょえん

古民宅再利用的先驅旅館
讓人忘卻時間的自我犒賞

石板小徑、炭爐小屋、放養土雞…讓人有如走進鄉下村莊的懷舊風景，散布著數棟木造的古民宅客房。懷舊且帶著奢侈雅趣，設置了閱讀書、露天客房等可放鬆身心的設施。新鮮蔬菜沙拉、土雞生切片、天然香魚、味噌山菜等，同時也被滋味豐富的美食療癒。依季節還有結合超高等級私人渡假地「天空的森」的奢侈住宿豪華專案。

☎0995-77-2114 住霧島市牧園町宿窪田4230 交溝溝邊鹿兒島空港IC車程15分 有接送計程車(需預約) P10輛 ●木造1層樓建築別屋 全10室 ●1970年開業 ●泉質:炭酸泉 ●浴池:內湯2 客房露天3 客房風呂5 ※有純泡湯專案(僅午餐2500日圓、午餐與入浴3500日圓)
MAP P138A4

費用 1泊2食
+ 平　日　26070日圓～
+ 假日前日　27150日圓～
🕐 IN14時　OUT12時

美體專案

在美容中心進行全身滋潤與頭皮SPA等放鬆沙龍也頗受好評（可當天預約）。

自製無農藥蔬菜、用鐵鍋炊煮的米飯、土雞蛋等，滿桌是新鮮的當地食材

也可以這樣放鬆

1 欣賞窗外炫目的綠意

2 進房間時提供的免費草丸子

3 事先調查好伴手禮

4 到栽種餐點中使用的蔬菜的水屋參觀

1 「MOMIJI」、「KEYAKI」、「SAKURA」等5間客房設置有「Onsen Living」。可以享受更奢華的入浴時間。 2 捨去過多的裝飾，簡單卻又舒適的客房，享受什麼都沒有的奢侈 3 以巨大岩石挖空製作，充滿野趣的包場浴池「建湯（たけるゆ）」，當然也是源泉放流式溫泉。

妙見石原莊與忘れの里 雅叙苑也被列入蔚為話題的「CRUISE TRAIN SEVEN STARS IN KYUSHU」4天3夜行程的入住旅館。

霧島的推薦景點

鹿兒島縣 霧島藝術之森
かごしまけん きりしまあーとのもり

享受美景與藝術的融合

位於霧島連山西側標高700m處的現代藝術的戶外博物館。還可以見到草間彌生極具廣度的作品《香格里拉之花》等，以大自然為舞台的特殊藝術作品。也會定期舉辦企畫展或活動。**DATA** ☎0995-74-5945 **住**始良郡湧水町木場6340-220 **¥**310日圓 **◯**9～17時（最後入園時間16時30分）**休**週一（逢假日則翌日）**交**JR栗野站車程20分 **P**200輛 **MAP** P138A1

草間彌生作品《香格里拉之花》

從美術館的咖啡廳可以眺望西野康造的作品《氣流成風》

霧島神話之里公園
きりしましんわのさとこうえん

欣賞霧島美景的休閒景點

在園內有全長390m的滑梯車、迷你高爾夫球等，而坐上遊覽吊車昇爬至標高680m的山頂，還可以一望千穗峰及櫻島等。肚子餓了就到展望餐廳 ほっと霧島館（☞P92）用餐吧。**DATA** ☎0995-57-1711 **住**霧島市霧島田口25 83-22 **¥**免費入園（體驗需付費）**◯**9～17時 **休**無休 **交**霧島神宮站車程15分 **P**250輛 **MAP** P138C3

霧島民藝村
きりしまみんげいむら

陳列許多屋久杉製作的工藝作品

這裡是展示、銷售屋久杉製品的屋久杉資料館及龍神燒的工房，還備有餐廳、森林步道等觀光景點。也有銷售糕點、屋久杉工藝品、陶器等伴手禮。霧島神宮居旁寢殿造的建築物很好認。**DATA** ☎0995-57-3153 **住**霧島市霧島田口2458 **¥**免費 **◯**9時～17時30分 **休**無休 **交**JR霧島神宮站車程10分 **P**50輛 **MAP** P138C3

丸尾瀑布
まるおのたき

自駕兜風途中的風景景點

丸尾瀑布高23m、寬16m，水源為上游屯聚的溫泉水，是少見的溫泉瀑布，在冬天還會揚起蒸氣。一整年的晚上還會點亮燈飾，更增加了夢幻的氣氛。而秋天時瀑布周圍染上紅葉的顏色時更是美麗，很有味道。**DATA** ☎0995-45-5111(霧島市觀光課) **住**霧島市牧園町高千穗 **¥休**自由參觀 **交**JR霧島神宮站車程25分 **P**5輛 **MAP** P138B2

展望レストラン ほっと霧島館
てんぼうれすとらん ほっときりしまかん

與龍馬相關的火鍋是？

霧島神話之里公園內餐廳中很有人氣的龍馬鍋1240日圓（1天限定10份），是因為坂本龍馬在新婚旅行到訪了霧島而誕生的菜色，將龍馬喜歡的鬥雞鍋變化為霧島風味，是使用了當地食材且展現雞肉美味的一道料理。**DATA** ☎0995-57-1711 **住**霧島市霧島田口2583-22 **◯**10時～16時30分LO **休**12月30、31日 **交**霧島神宮站車程15分 **P**250輛 **MAP** P138C3

霧島天狗館
きりしまてんぐかん

特殊面具的展示館

在這裡展示了由館長收集的天狗面具、能劇面具、鬼面具等約2000件面具。也有亞洲、非洲的特殊面具，和原創的天狗面具及鑰匙圈等伴手禮。而據說摸了館內的笑鬼神祭壇就會有好運。**DATA** ☎0995-64-8880 **住**霧島市霧島田口2459-60 **¥**250日圓 **◯**9～17時 **休**週二 **交**JR霧島神宮站車程10分 **P**6輛 **MAP** P138C3

霧島町蒸餾所
きりしまちょうじょうりゅうしょ

介紹以甕壺釀造燒酒的過程

參觀傳承自明治44年（1911）創業以來以甕壺釀造的製作過程。直銷所中除了代表品牌「明るい農村」2571日圓（1800ml）之外，還有現在挑戰以100個品種的甘薯釀造的燒酒「百姓百作」系列的試飲、銷售。**DATA** ☎0995-57-0865 **住**霧島市霧島田口564-1 **¥**免費 **◯**9～17時 **休**1月1～3日 **交**JR霧島神宮站車程5分 **P**8輛 **MAP** P138C4

地雞料理 みやま本舖 霧島店
ぢどりりょう みやまほんぽ きりしまてん

享受真正新鮮土雞的美味

創業28年，被稱為烤土雞始祖的專賣店。淋上特製生切片醬汁的雞肉生切片、秘傳醬汁的烤雞肉、可品嘗到雞肉本身美味的鹽味烤雞肉等，還有丼飯及定食。因為有完售的可能，晚上最好先預約。**DATA** ☎0995-57-0201 **住**霧島市霧島田口1611-10 **◯**11時30分～21時 **休**週二（逢假日則營業）**交**JR霧島神宮站車程7分 **P**20輛 **MAP** P138B3

🍚 ウインドの森
うぃんどのもり

只在週末營業的森林咖啡廳

桌椅放置在綠意環繞的寬敞庭園中，是可以享受森林沁氣氛的咖啡廳。這裡提供手工甜點及季節限定的蘋果派各250日圓，還有限量12份的香料咖哩飯700日圓等美味的餐點。待在這裡會讓人聊天到忘記時間的流逝。**DATA** ☎0995-57-3721 住霧島市霧島田口1576-4 ⏰10～16時 休週一～五(1～2月全休) 交JR霧島神宮站車程12分 P5輛 **MAP** P138C3

🍴 産直レストラン 黒豚の館
さんちょくれすとらん くろぶたのやかた

在牧場直營店享用真正的黑豬肉

被稱為「薩摩的黑寶石」的霧島高原純種黑豬・ROYAL PORK。來這裡品嘗這個最高等級的美味吧。另外也有銷售香腸、叉燒等加工品。**DATA** ☎0995-57-0713 住霧島市霧島永水4962 ⏰用餐為11～15時(週六、日、假日為17～20時，LO也有營業)、銷售為11～17時(週六、日、假日為～20時) 休週三(逢假日則營業、翌日休) 交JR鹿兒島站車程5分 P30輛 **MAP** P138B4

🍵 coffee house空のふもと
こーひーはうすそらのふもと

享用讓人微笑的自製甜點

黑豬肉咖哩800日圓等的輕食之外，還有現磨咖啡450日圓～及自製甜點等豐富的選擇。開店起來一直很有人氣的手工雞蛋布丁360日圓，外帶的話只要260日圓，來品嘗看看吧。**DATA** ☎0995-78-3199 住霧島市牧園町高千穗3878-114霧島溫泉市場1F ⏰9時30分～18時 休週二(逢假日則營業) 交JR霧島神宮站車程20分 P29輛 **MAP** P138B2

🍵 喫茶 浪漫
きっさ ろまん

在美景咖啡廳喝杯咖啡小憩

可以一邊喝著原創的調和咖啡，浪漫特調500日圓，一邊眺望霧島連山的咖啡廳。還有咖哩套餐、炒飯套餐各1000日圓等輕食，和每日蛋糕套餐750日圓。在地點極佳的露台座位品嘗吧。**DATA** ☎0995-57-3306 住霧島市霧島田口2638-558 ⏰10時30分～17時(6～9月至18時) 休週二、三 交JR霧島神宮站車程10分 P5輛 **MAP** P138C3

🍵 ノーブル霧島珈琲館
のーぶるきりしまこーひーかん

閑靜別墅區裡咖啡愛好者喜歡的咖啡廳

在自駕兜風途中想喝咖啡的話，不用猶豫馬上來這裡。可以品嘗皇室獻品的CELEBES KALOSSI 700日圓等高質感的咖啡。有水果、萊姆磅蛋糕及卡士達布丁等手工甜點，要注意這裡沒有提供正餐。**DATA** ☎0995-57-3132 住霧島市霧島大窪785-543 ⏰14～18時 休不定期休 交JR霧島神宮站車程5分 P5輛 **MAP** P138C4

🛍 霧島溫泉市場
きりしまおんせんいちば

網羅霧島伴手禮的物產館

霧島茶、黑豬肉加工品、霧島甜點之外，還有餐飲和用溫泉蒸氣蒸的溫泉蛋100日圓、溫泉饅頭150日圓等很有霧島風味的小點。2樓為觀光服務處，可以取得霧島的情報。**DATA** ☎0995-78-3121 住霧島市牧園町高千穗3878-114 ⏰8時30分～18時(因店而異) 休無休(因店而異) 交JR霧島神宮站30分 P32輛 **MAP** P138B2

溫泉地・霧島才有！可純泡湯的個性溫泉

霧島有很多可純泡湯的溫泉設施，其中還有這麼特別的浴池…。

櫻櫻溫泉
さくらさくらおんせん

以泥膜聞名的美肌溫泉

採自源泉的溫泉泥(溫泉花)有豐富的硫黃成份，可以作全身的天然泥膜而大有人氣。

DATA ☎0995-57-1227 住霧島市霧島口田2324-7 ¥700日圓 ⏰10～20時 休無休 交JR霧島神宮站車程15分 P100輛 **MAP** P138C3

硫磺谷溫泉 霧島酒店
いおうだにおんせん きりしまほてる

充滿魄力的源泉放流式溫泉

庭園式大浴湯有從14個源泉湧出4種泉質的溫泉水，浴池種類多且像游泳池一樣寬敞。

DATA ☎0995-78-2121 住霧島市牧園町高千穗3948 ¥1000日圓 ⏰11～17時(有可能提早結束) 休不定期休 交JR霧島神宮站車程25分 P100輛 **MAP** P138C2

搭乘D&S列車眺望櫻島風景
南九州巡遊・肥薩線之旅

●什麼是D&S列車？
JR九州有「隼人之風」和「伊三郎・新平」等設計、背景故事各異的列車，稱為「D&S列車」（DESING&STORY列車）。

櫻島景觀的黑列車與穿梭於山林美景的紅列車…
連續搭乘2輛D&S列車，巡禮刻劃百年歷史的肥薩線吧。

肥薩線 ひさつせん 是這樣的路線

保留明治時期風貌的車站、SL展示館、環形迴車道、折返式路線、日本三大車窗風景等，是充滿鐵路魅力的地方路線。可以盡情享受轉乘摩登觀光列車的鐵路之旅。

DATA 運行於JR鹿兒島中央站～JR吉松站之間為「隼人之風」，JR吉松站～JR人吉站之間為「伊三郎・新平」。單程約2小時50分(最快)，1天往返2班次。含特急指定費的單車資通常為3680日圓。乘車日前1個月開始售票。☎050-3786-1717(JR九州服務中心🕗8～20時)

Start 隼人之風

かごしまちゅうおうえき
鹿兒島中央站

約56分

かれいがわえき
嘉例川站
約41分

從明治36年（1903）開通至今超過100年的木造車站現在仍在服役中。復古氣氛有如電影場景一樣，也是很有人氣的拍照景點。
MAP 隨身地圖正面E2

需預約

1 隼人之風車內所銷售需預約的「百年の旅物語かれい川」便當1080日圓。欲預約請到JR九州的綠色窗口車站旅行中心、JR九州旅行分店。
2 JR肥薩線最古老的木造車站。也是國定有形登錄文化財

等車的空檔來吃極品布丁吧！

與吉松站相鄰接的觀光SL會館中銷售的とろける湧水プリン210日圓。大人的珈琲プリン210日圓，是口耳相傳的人氣甜點。

よしまつえき
吉松站 新平 在此站換車

從「隼人之風」轉乘到「伊三郎・新平」的車站。過去因為鐵路而興盛一時的車站，有真實的SL展示、資料館、石造燃料庫、伴手禮店。
MAP 隨身地圖正面E2

相鄰的鐵道資料館。有很多鐵道迷必看的珍貴展示品

まさきえき
真幸站
約13分

肥薩線上唯一位在宮崎縣的車站。因為位處陡坡，在這裡以折返的方式爬昇。站名有「真正的幸福」的意思，月台上設有一座幸福鐘。**MAP** 隨身地圖正面E1

據說只要敲響，幸福就會來臨

在吉松、人吉兩站銷售的愛心圖案月台票160日圓

[地圖]

N
20km
天草
新八代站
八代站
熊本
新水俣站
人吉站
出水站
大畑站
伊三郎・新平
吉松站
川內站
嘉例川站
鹿兒島機場
鹿兒島
隼人站
隼人之風
鹿兒島中央站

日本唯一環形迴車道和折返式車道併用的車站

保存有明治36年（1903）所建造的木造車站（國家登錄有形文化財）

搭乘隼人之風2號時

右側有美麗海景。運氣好還能看到海豚!?

大膽以竹子裝飾的車站讓人印象深刻

有通往霧島溫泉鄉的公路巴士發車

Start

かごしまちゅうおうえき 鹿兒島中央站		かごしまえき 鹿兒島站		はやとえき 隼人站		かれいがわえき 嘉例川站		きりしまおんせんえき 霧島溫泉站		おおすみよこがわえき 大隅橫川站
9:26發車	5分	9:30進站 9:31發車	34分	10:06進站 10:08發車	14分	10:22進站 10:30發車	6分	10:36進站 10:41發車	7分	10:48進站 10:54發車

9→

順路到從剪票口步行1分的溫泉設施泡個溫泉

在吉松站附近的「吉松駅前溫泉」，有著讓肌膚滑嫩的「美人湯」。香皂及洗髮精需自備（亦有銷售），250日圓就能輕鬆泡湯。
☎0995-75-2026
MAP 隨身地圖正面E2

矢岳站
やたけえき

標高536.9m，為肥薩線的最高處，過去被稱為「關卡」。站內的SL展示館中展示有D51蒸氣火車。
MAP 隨身地圖正面E1

1 位置是天氣晴朗時可以看到櫻島的高度
2 展示過去曾在肥薩線上奔馳的D51

這就是日本三大車窗景色！

真幸～矢岳之間的景色，是日本三大車窗之一的美景。雄偉的霧島連山與蝦野盆地，晴朗時還可以遠眺到櫻島。山岳鐵路的醍醐味在這裡到達頂點！在最佳觀景地點時還會短暫停車，一定要用相機好好收藏登山鐵路才有的美景。

日本唯一！

為了爬上標高落差大的關卡，是日本唯一在環形迴道途中又有折返式車道的地方。可充份感受山岳鐵路的醍醐味。

大畑站
おこばえき

日本唯一一併用環形迴車道及折返式車道的地方。而據說在車站裡貼上名片就可出人頭地，所以候車室的牆上是滿滿的鐵路迷及觀光客的名片！
MAP 隨身地圖E1

1 保留有補水給蒸氣火車的石塊堆的供水塔 2 貼了滿滿的名片。你也要貼嗎

請注目車廂！

隼人之風

漆黑的車身上點綴了金色的徽章。為了可以感受霧島的大自然，還有從腳的高度到天花板是整面窗戶的展望車廂。

開始營運	2004年
行走區間	鹿兒島中央站～吉松站
班次	1天2往返
距離	68.5km
停車站數	8站

伊三郎・新平

在綠色山林中對比強烈的紅色車體。設計成加大窗戶，可以完整享受日本三大車窗（真幸～矢岳之間）可眺望到的震撼景色。上行為「新平」，下行為「伊三郎」。

開始營運	2004年
走行區間	吉松站～人吉站～熊本站
班次	1天2往返（吉松站～熊本站間1往返）
距離	122.5km
停車站數	8站

在吉松站周邊有設置家族浴池的不住宿溫泉

轉乘「新平」。等待時間約40分

體驗日本唯一環形迴車道中的折返式車道！

吉松～人吉之間有多個隧道，不愧是山線

Goal

くりのえき 栗野站	9分	よしまつえき 吉松站	13分	まさきえき 真幸站	20分	やたけえき 矢岳站	17分	おこばえき 大畑站	11分	ひとよしえき 人吉站

11:02 進站 11:03 發車　11:11 進站 11:49 發車　12:02 進站 12:07 發車　12:27 進站 12:32 發車　12:49 進站 12:54 發車　13:05 進站

甕壺羅列的壯觀景色！
前往黑醋之鄉福山

➕從**鹿兒島市區**
車程**1**小時

健康的「黑醋」的故鄉福山，
來欣賞壺田的景色，和有益身體的黑醋料理吧。

黑醋之鄉福山
是這樣的地方

將蒸米及米麴、地下水裝在陶壺中釀造的壺醋，大約始於200年前的江戶時代後期。福山町過去是薩摩藩的物流據點，作為商業地繁榮一時，因為易於收集原料的優質米，加上好的水質、溫暖的氣候、對著錦江灣的面南斜坡等過人條件，是壺醋製作興盛的原因。

洽詢
🚗東九州自動車道
國分IC車程10分

洽詢
霧島市霧島PR課
☎0995-64-0705

1 在山丘斜面上羅列著黑色醋壺的景色，是福山町特有的（照片為坂元釀造）　**2** 依釀造年數風味也會不同。來試喝看看吧

想吃黑醋美食的話就是這2間了!!

さかもとじょうぞう　さかもとのくろずつぼばたけじょうほうかんあんどれすとらん
坂元釀造　坂元のくろず「壺畑」情報館&レストラン

替黑醋命名而聞名的坂元釀造，這裡是坂元釀造經營的餐廳。黑醋的料理、麵類、黑醋霜淇淋200日圓～等。

☎0995-54-7200 🏠霧島市福山町福山3075 🕐9～17時（餐廳至10時）🈚無休 🚗東九州自動車道國分IC車程10分 🅿80輛
MAP 隨身地圖正面E3

彩りランチ1944日圓

くろずれすとらん　くろずのさと　かくいだ
黑酢レストラン 黑酢の郷　桷志田

餐廳全部都是錦江灣景的座位。使用JAS認證的有機黑醋及有機蔬菜製作的料理。午餐時段為11～15時LO。

☎0995-55-3231 🏠霧島市福山町福山大田311-2 🕐8時30分～17時30分（12～2月為9～17時）🈚無休 🚗東九州自動車道國分IC車程10分 🅿80輛 MAP 隨身地圖正面E3

桷志田黑酢ランチ酢豚コース1550日圓（2017年10月底的價格）

📖ℹ坂元釀造及桷志田的商店皆有銷售黑醋。坂元釀造360ml 1058日圓～。桷志田為720ml 3240日圓～

前往指宿體驗砂蒸浴

不同感覺的溫泉也很有趣

可以埋在砂子裡感受溫泉氣氛的就是指宿。
讓人稍微返回童心的砂蒸浴，
及以風光明媚的開聞丘為背景的南國兒風。
在知覺的屋敷住宅感受公主氣氛，讓人興奮不已。

指宿・知覽
是這樣的地方

充滿南國氣氛的溫泉城市指宿，以及薩摩的
小京都知覽，優美風景，最適合自駕兜風和隨意散步。

✤ 主要有7個景點

知覽有著保留了江戶時代風貌的知覽武家
屋敷，刻畫了戰爭歷史的知覽特攻和平會
館等豐富的景點，以及以砂蒸溫泉聞名的
指宿溫泉等，都是在全日本有著高知名度
的觀光地區。除此之外，秀麗的開聞岳、
油菜花盛開的池田湖、薩摩半島最南端的
長崎鼻、鹿兒島花卉公園等，有多數充滿
南九州風情的景點。

✤ 來這裡收集指宿・知覽 地區的觀光資訊！

想取得指宿地區的資訊時，可以前往指宿
站站內的觀光服務處，以及指宿站附近的
いぶすき情報プラザ。知覽地區則是前往
知覽特和平會館附近的觀光服務處。

洽詢 指宿市綜合觀光服務處 ☎0993-22-4114
洽詢 いぶすき情報プラザ ☎0993-23-4449
洽詢 南九州市知覽觀光服務處 ☎0993-83-1120

✤ 到指宿與知覽

從鹿兒島到指宿搭乘特急電車約50分，開
車走海線國道226號約45km，可以享受舒
適的海景自駕兜風。往知覽從鹿兒島中央
站搭乘巴士約1小時15分。知覽、指宿之
以搭巴士移動車程約1小時。巴士1天只有
5班次，記得要留充裕的時間。

ちらんぶけやしき
知覽武家屋敷 ①

・・・P106・108

散步在武家屋敷連立的道路，讓人有如
置身江戶時代，還有7座美麗的名勝庭園
可以參觀。

觀光重點
知覽武家屋敷庭園☞P108
知覽型二家民家☞P109

かいもんだけ
開聞岳 ④

・・・P104

亦被稱為薩摩富士的美
麗圓錐形的山岳。在南
薩每個地方都可以眺望
到它的英姿。

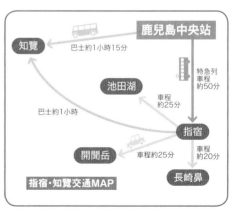

指宿・知覽交通MAP

鹿兒島中央站

知覽 ← 巴士約1小時15分

池田湖

特急列車程約50分

車程約25分

巴士約1小時

指宿

開聞岳 — 車程約25分

車程約20分

長崎鼻

知覽
ちらん

2

・・・P106

全日本數一數二的產茶地，還有薩摩特有的武家住宅的美麗庭園、特攻隊的資料館等。

觀光重點
薩摩英國館TEA WORLD☞P106
知覽特攻和平會館☞P107

池田湖
いけだこ

3

・・・P104

九州最大的火口湖，以鱸鰻的棲息地而聞名。還有傳說中的怪獸イッシー！

指宿・知覽

指宿
いぶすき

5

・・・P100

設於沿海的溫泉，以豐富的泉量聞名。可以體驗到在日本也很稀奇的溫浴法・砂蒸浴。

觀光重點
在砂蒸會館砂樂☞P100
山川砂蒸溫泉 砂湯里☞P100
休暇村指宿☞P101

地圖標示：

往五位野站
谷山站
平川站
瀨瀨串站
中名站
喜入站
南方神社
山之神神社
前之濱站
生見站
公路休息站 いぶすき 彩花菜館
薩摩今和泉站
松尾城跡
宮濱站
二月田站
指宿市役所
指宿站
山川站
大山站
東開聞站
西大山站
公路休息站 山川港活お海道
知林ケ島
鹿兒島灣（錦江灣）
穎娃街道
指宿枕崎線
IBUSUKI SKYLINE
鹿兒島市
南九州市役所

① 知覽武家屋敷
② 知覽
③ 池田湖
④ 開聞岳
⑤ 指宿
⑥ 鹿兒島花卉公園
⑦ 長崎鼻

南九州市
徳永牧場
觀光服務處 サロンdeおもてなし
指宿枕崎線
石垣站
御領站
穎娃站
入野站
穎娃大川站
水成川站
往松浦站
往枕崎
開聞站
薩摩川尻站
開聞岳
開聞山麓自然公園
白露酒造
龍宮神社
東海

0　5km
N

鹿兒島花卉公園
ふらわーぱーくかごしま

6

・・・P105

和8個東京巨蛋一樣的廣大腹地中，有世界各地的植物在不同季節中綻放爭豔，是花卉與綠色植物的天堂！

長崎鼻
ながさきばな

7

・・・P105

位在薩摩半島的最南端，有多處眺望景點，充滿了南國的氣氛。還有浦島太郎傳說的龍宮神社。

埋在砂中就有排毒效果
這就是指宿著名的砂蒸溫泉

指宿著名的砂蒸溫泉可促進大量排汗，擁有過人的排毒效果！
來砂蒸溫泉變身為美肌女孩吧。

砂蒸會館 砂楽
すなむしかいかん さらく

指宿最大的砂蒸溫泉

提供純泡湯的公共砂蒸溫泉設施。天氣好且退潮的時候是在海岸邊進行，其他時候皆是在有屋頂的砂蒸場進行砂浴。醫學上也證實有排出老廢物質、促進血液循環的功效。

☎0993-23-3900 地指宿市湯の浜5-25-18
¥1080日圓(毛巾120日圓、僅使用大浴池為610日圓) ⏰8時30分～20時30分入館(平日12～13時停止入館) 休7、12月有休館日 交JR指宿站車程5分 P90輛 MAP P139C1

從以前就備受喜愛的砂蒸溫泉。詩人與謝野晶子也曾來訪

會館的全景，搭乘電梯上2樓即是櫃台

被比看起來還重的砂子包覆全身，也有人因此忍不住打起盹來

{ 砂蒸溫泉的
入浴方法 }

將身體埋在砂子中的砂蒸溫泉，入浴方法和一般溫泉不同。浴衣要什麼時候穿？從砂子出來後要怎麼辦？為了能毫不疑惑的進行第一次的砂蒸溫泉，在以下介紹砂蒸溫泉的入浴方法。

1 租借浴衣

首先在櫃台支付入浴費，索取砂蒸專用的浴衣。毛巾可以購買或自行攜帶。

2 換上浴衣

在更衣室脫下全部衣服，包括內衣，披上浴衣。數位相機可以攜帶進場。

3 前往砂蒸場

直接穿著浴衣前往海岸邊的砂蒸場。享受砂蒸場的海岸及周圍景色。

山川砂蒸溫泉 砂湯里
やまがわすなむしおんせん さゆり

可眺望開聞岳的海岸砂蒸溫泉

砂蒸溫泉位在伏目海岸上，可以眺望被稱為薩摩富士的開聞岳。在享受完眼前廣闊東海景色與砂蒸溫泉後，一邊享用使用天然蒸氣的蒸爐調理的雞蛋和當地蔬菜等，一邊在四周悠閒散步也不錯。

☎0993-35-2669 地指宿市山川福元3339-3
¥820日圓 ⏰9～17時入館(7～8月為17時30分入館) 休無休 交JR山川站車程15分 P40輛 MAP P139C4

蒸氣雞蛋1個50日圓。蔬菜50日圓～。肚子小餓的時候一定要吃看看

砂蒸溫泉後的大浴池，不得使用香皂和洗髮精

天氣好的時候可以在水平線上眺望到屋久島

用指宿的溫泉美容用品創造美肌

無添加的化妝水「いぶすきの秘密」含有天然保溼成份的指宿溫泉水，因為是噴霧狀，上完妝後也可以使用。1罐1296日圓，在「砂樂」（☞P100）的商店也可以購得。☎0993-25-6551（指宿美肌俱樂部）

きゅうかむらいぶすき
休暇村指宿

享受加了枇杷葉的砂蒸溫泉

休暇村指宿位在因沙洲而聞名的知林島（**MAP** P139C3）附近，除了一般的砂蒸溫泉外，還有「枇杷葉砂蒸溫泉」。舖上有淨化血液、殺菌、鎮痛作用的枇杷葉，體驗更有益健康的砂蒸溫泉。
☎0993-22-3211 住指宿市東方10445
¥1080日圓(含枇杷葉為1180日圓) ⏰11~20時
休無休 交JR指宿站車程10分 P100輛
MAP P139C3

靜心聆聽可聽到海浪聲的露天浴池

包租半露天浴池「癒湯（ゆゆ）」為當天預約，45分為2060日圓

逼出大量的汗水，潔淨身體的內部

④ 覆蓋砂子

砂子多會從腳部開始覆蓋。砂子如果太重或太燙時，向工作人員反應就會幫忙處理。

⑤ 在砂中入浴

第一次的話大約是入浴10分。如果砂子太重或太燙時不用忍耐，可以動動手腳將砂子弄散。

⑥ 弄散砂子起身

先從手或腳等容易動的部位開始將砂子弄散後再慢慢起身。會被全身汗的自己嚇到！

⑦ 到大浴場沖掉砂子

直接前往大浴場，進浴場前先脫下浴衣，用蓮蓬頭等沖掉身上的砂子。

※穿著沾有砂子的浴衣無法進入浴池

砂蒸溫泉後來吃這個吧！

砂蒸美食『温たまらん丼』

以砂蒸溫泉的源泉製作的溫泉蛋，加上指宿食材的丼飯，在店家各具特色的組合下完成的「温たまらん丼」。是指宿的當地美食。

くろぶたときょうどりょうり　あおば
黑豚與鄉土料理　青葉

主菜為淋上不外傳醬汁的黑豬肉三層肉，再以指宿當季蔬菜增添色彩，中間放上用指宿砂蒸溫泉源泉水煮的溫泉蛋的「いぶすき黑豚丼」900日圓。

☎0993-22-3356 住指宿市湊1-2-11 ⏰11時~14時40分LO、17時30分~21時30分LO 休週三 交JR指宿站步行1分 P15輛 **MAP** P139C1

さつまあじ
さつま味

溫泉蛋與海鮮組合而成的「板前まかない丼」1080日圓，是由廚師重現在修業時期的伙食。只在午餐時段限量供應10份。

☎0993-22-2014 住指宿市湊2-1-31 ⏰11時30分~14時30分LO、17時30分~21時30分LO 休週二 交JR指宿站步行3分 P15輛 **MAP** P139C1

在砂蒸會館砂樂的砂灘上的海中足湯，在退潮時才可以入浴。（**MAP** P139C1）

坐上面海的靠窗座位
搭乘D&S車「指宿之玉手箱」前往指

半黑半白的車廂加上面海的吧台座席等，充滿話題性的「指宿之玉手箱」。
搭上超人氣的列車出發前往指宿吧！

「指宿之玉手箱」是這樣的列車

在2011年3月開始正式營運的觀光列車，以車程55分連接JR鹿兒島中央站～指宿站之間。車體塗成白色與黑色，車廂內則設置有面海的吧台座位及書架。而因為龍宮傳說的關係，當列車停靠在車站時，乘車口還有冒出白煙的有趣特效！

DATA JR鹿兒島中央站～JR指宿枕崎線・指宿站的單程約55分，1天往返3班次，全為指定席。含特急指定費的單程車資通常為2140日圓。乘車日前1個月開始售票。☎050-3786-1717(JR九州服務中心 🕗8～20時)

好像在海面上奔馳一樣！

首先被預約一空的靠海側的吧台座席。窗外的風景就好像在搭船一樣

JR指宿枕崎線與國道226號有並行的區間，指宿之玉手箱與車輛一起並行的景色很有趣

かごしまちゅうおうえき 鹿兒島中央站 → 約30分 → きいれえき 喜入站 → 約25分 → いぶすきえき 指宿站

指宿之玉手箱
的人氣伴手禮
就是這個！

在指宿之玉手箱的車內銷售，是使用指宿特產品製成的甜點。不要猶豫，馬上來吃看看！

指宿之玉手箱限定銷售的「いぶたまプリン」1個410日圓

裝在「玉手箱」裡，可愛的「いぶたまスイーツ」720日圓

指宿當地的汽水「指宿温泉サイダー」為260日圓。有著清爽的甜度

指宿之玉手箱車廂是這個樣子！

吧檯座位是回旋式的！

書架上擺放了關於指宿的書籍及繪本等。讓人忘了身在列車上的沙發席。享受別有一番風味的列車之旅。

車上展示了鹿兒島的鄉土玩具，以及充滿坑坑地仕車內藏置了「土寸箱=寶盒」，在乘車時來找看看吧！

坐在面海的吧台席，更能悠閒地放鬆心情。車窗外廣闊錦江灣的美麗風景，全部都將烙印在旅行回憶中。

車廂內的地板、座位、桌子使用的都是南九州產杉木。這是觀光列車才有的奢侈演出。

各車輛及洗手間的入口所垂掛的門廉印有玉手箱的圖案設計，非常時尚。

車門開啟時會從上方噴出水霧！就像是浦島太郎打開玉手箱冒出煙霧一樣。

**接近能量景點
也許會變幸運!?**

前往JR最南端的車站西大山站

從指宿站搭乘在來線約20分到達的西大山站，是JR日本最南端的無人車站。周邊散布著鹿兒島花卉公園及長崎鼻（☞P105）等觀光景點。因為班次很少，要記得先確認好時刻表。
☎0993-34-0132（かいもん市場久太郎）❶指宿市山川大山860-2 ❷8～18時（冬季至17時）❸無 ❹JR西大山站即到 ❿10輛 MAP P139B4

◀可正面一望薩摩富士、開聞岳的月台，在月台前端還有最南端車站的標識

◀顏色取自指宿代表性花朵油菜花的黃色郵筒，是真的可以使用的郵筒

▼站前的「かいもん市場久太郎」有銷售最南端車站站證明 1張100日圓

**前往西大山站的話
這張車票最划算**

最划算的車票是用於鹿兒島中央站到指宿・西大山之間「JR來回」或「單程路線巴士」的「指宿レール&バスきっぷ」，2日票3090日圓。也可搭乘指宿玉手箱（需預約）。
☎050-3786-1717（JR九州服務中心❷8～20時）

從指宿巡遊到開聞岳周邊
舒服的美景自駕兜風

被稱為薩摩富士的開聞岳，以及沿途盛開的多彩花朵。
沿著南國的海岸線慢慢前進，享受充滿美景的自駕兜風吧。

行程範例

所需時間 約5小時

從指宿
車程25分
❶ 池田湖
車程7分
❷ 指宿市營
　唐船峽
　流水細麵
車程40分
❸ 釜蓋神社
　(射楯兵主神社)
車程50分
❹ 鹿兒島
　花卉公園
車程5分
❺ 長崎鼻&
　龍宮神社
車程15分
Healthy Land
❻ 露天溫泉
　玉手箱溫泉
到指宿
車程20分

正面就是開聞岳的最佳眺望景點

❶ 池田湖
いけだこ

九州最大湖畔面積。季節花卉超美

池田湖岸長15km、水深233m，因火山活動而形成的湖泊。是九州最大的火口湖，也是油菜花、罌粟、大波斯菊等的賞花名勝地。在湖面另一側佇立的薩摩富士-開聞岳的英姿也不能錯過。

☎0993-22-2111(指宿市觀光課) ⓰指宿市池田 ⓨⓐ休自由參觀 ⓧJR指宿站車程20分 Ⓟ155輛 ⓂⒶⓅP139B3

歡迎來訪！

傳說中的怪獸イッシー也棲息於此？

❷ 指宿市營唐船峽流水細麵
いぶすきしえいとうせんきょうそうめんながし

在南薩摩吃流水細麵基本上都是使用機器

這裡是迴轉式的流水細麵機的發祥地。在室外寬敞的腹地內設置了多台流水細麵機，讓追求涼意的客人齊聚一堂。不分季節都很有趣。

☎0993-32-2143 ⓰指宿市開聞十町5967 🕙10~17時(夏季會延長) 休無休 ⓧJR開聞站車程10分 Ⓟ470輛 ⓂⒶⓅP139B4

河魚與細麵一起享用的B定食1340日圓

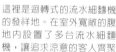

Check! 流水細麵所使用的水是被選為「平成的名水百選」的京田湧水。因為這個名水而更帶出流水細麵的美味。

❸ 釜蓋神社
かまふたじんじゃ
(いだてつわものぬしじんじゃ)
(射楯兵主神社)

人聲鼎沸的能量景點

祭祀掌管勝負的之武神·素戔嗚尊，因為能祈求帶來勝利而很有人氣。頭頂著鍋蓋的參拜方式也很特別。

☎0993-38-2127(射楯兵主神社·管理營運委員會) ⓰南九州市潁娃町別府6827 ⓨⓐ休腹地自由參觀 ⓧJR指宿站車程1小時 Ⓟ100輛 ⓂⒶⓅP139A3

御守(左)800日圓、(右)500日圓

參拜時若頭頂著鍋蓋，據說從鳥居走到拜殿之前鍋蓋沒有掉下來，夢想就會成真

不受季節及天候影響的室內花卉庭園

傳説中的怪獸イッシー真面目是?

イッシー有著體長10~20m，曾有目撃情報説「像巨大昆布在移動」。也有其實是2m等級的巨大鰻鱺（?）的説法。在Ikeda Lake Paradise（**MAP**P139B3）可以看到。

④ 鹿兒島花卉公園
ふらわーぱーくかごしま

規模巨大的花卉樂園

可欣賞到世界各國植物的植物公園。有通風的室內庭園及可一望鹿兒島灣的展望回廊等，不只花卉還可以欣賞風景。在各個季節舉辦的活動也很有人氣。

☎0993-35-3333 ⓘ指宿市山川岡兒ヶ水1611 ¥620日圓 ⓒ9~17時 ㊡無休 🚉JR指宿站車程30分 Ⓟ525輛 **MAP**P139B4

可一望鹿兒島灣的展望回廊。走累了就在這裡小憩一下吧

⑤ 長崎鼻＆龍宮神社
ながさきばな　りゅうぐうじんじゃ

參拜傳説中的能量景點

附近就是薩摩半島的最南端地區，以優美景觀聞名。是海龜的的產卵地，也是浦島太郎傳説的發祥地。在腹地內有祭祀乙姬的龍宮神社，有不少人來此祈求良緣。

☎0993-22-2111(指宿市観光課)・0993-35-0811(德光公民館) ⓘ指宿市山川岡兒ヶ水 ¥自由參觀 ㊡無休 🚉JR山川站車程15分 Ⓟ200輛(8~17時可使用) **MAP**P139B4

在貝殼寫下願望後，放進龜壺中♡

⑥ Healthy Land 露天溫泉玉手箱溫泉
へるしーらんどろてんぶろたまてばこおんせん

一定要順路來看看
180度視野的全景露天浴池

擁有海天無邊際的露天浴池。浴池有和與洋兩種，男女湯每日會輪替。和砂蒸溫泉齊名，是南薩摩最值得推薦的溫泉景點。

☎0993-35-3577 ⓘ指宿市山川福元3292 ¥510日圓 ⓒ9時30分~19時入館 ㊡週四(逢假日則隔日) 🚉JR山川站車程15分 Ⓟ70輛 **MAP**P139C4

在海岬前端可以眺望到充滿震撼力的海景

和風露天浴池在奇數日為女性專用，偶數日為男性專用

散步途中，喝杯知覽茶放輕鬆
漫步在薩摩的小京都知覽

所需時間
約2小時

在產茶量為全日本第2名的鹿兒島中，知覽是數一數二的產茶地。
極具風情的街景與日本茶，非常合適。

在正面看到是母岳，有不少庭園以這座山作借景

知覽是這樣的地方

現在仍可以感受到江戶時代氣氛的武家屋敷群，和妥善維護的美麗庭園，知覽被稱為薩摩的小京都。而在太平洋戰爭末期時，有很多年輕人從這裡以特攻隊員身份搭著飛機出征，指宿同時也是有著這樣歷史的城市。

交通資訊

🚌 鹿兒島中央站搭乘鹿兒島交通巴士往特攻觀音入口，車程1小時15分。中途會在武家屋敷入口、中郡停車
🚗 IBUSUKI SKYLINE知覽IC車程15分

洽詢

南九州市政府商工觀光課
☎0993-83-2511 **MAP** P107

---

1 さつまえいこくかんてぃーわーるど
薩摩英國館TEA WORLD （Start）

一解薩摩與英國的關係之謎

這間資料館是以英國的視角來介紹幕末時期的薩摩與英國的關係。展示與英國息息相關的紅茶世界，以及雜貨與紅茶的銷售。這裡也併設了飲茶室，是在散步途中可以小憩一下的景點。
☎0993-83-3963 🏠南九州市知覽町郡13746-4 ¥僅使用資料館時為500日圓(附紅茶)
🕙10～18時(最後入館～17時)
休週二 🚏武家屋敷入口巴士站步行即至 🅿10輛 **MAP** P107

1 地標是2層樓高的紅色倫敦巴士
2 商店中有銷售紅茶及餅乾等
3 在資料館中也展示了關於茶杯及紅茶相關資料

步行1分

2 ちらんぶけやしきていえん
知覽武家屋敷庭園

留有江戶風貌的庭園

長約700m的武家屋敷的道路，散步其中讓心情備感愉悅。7座各有意趣的庭園也不能錯過（☞P108）。

喜歡紅茶的話一定要來！

英國館原創紅茶
「夢ふうき」40g 2160日圓

在2015年獲得第7屆英國星級美食大獎的金獎，讓「夢ふうき」開始大受注目

特攻之母的
トメ是怎樣的人？

當世界第二次大戰特攻隊員來到富屋食堂時給予照料，並代替隊員們寄信給家人、保管遺物…等，是心思細膩充滿母性的人。這樣的トメ被隊員們愛戴著，並稱呼她為「媽媽」。

---

④ ちらんにんぎょうはくぶつかん
知覽人形博物館

步行1分

從令人懷念的娃娃到稀有娃娃都有…

從珍貴的江戶時代三折娃娃到固力果的贈品，共展示了1萬件以上娃娃的特殊博物館。在這裡也許可以和小時候的娃娃玩伴重逢。由深愛娃娃的館長提供解說，可以玩得更有深度。

☎0993-83-2589 🏠南九州市知覽町郡29 ¥400日圓 ⏰10～17時 休週三 🚌中郡巴士站步行2分 🅿20輛（使用商工會共用停車場）MAP P107

■作為伴手禮如何？おたよりこけし540日圓。郵資120日圓可投郵筒 ■咖啡廳的咖啡附有手工製作的果醬餅乾300日圓

步行1分

---

③ 富屋旅館別館門前ギャラリー
富屋旅館別館門前Gallery

由不斷求和平的トメ所經營的旅館

步行15分

在別館的1樓有銷售著特攻之母・鳥濱トメ的商品。位在本館觀音堂也有トメ在過去祭拜的觀音像，一般人亦可參拜。

☎0993-83-1038 🏠南九州市知覽町郡5-5 ¥免費 ⏰10時30分～18時 休週三 🚌中郡巴士站步行即到 🅿20輛（使用商工會共用停車場）MAP P107

■除了周邊商品的銷售外，還可品嘗鄉土料理 ■觀音像的觀音堂。還有戰後生還隊員的捐贈物展示

---

⑤ ほたるかんとみやしょくどう
ホタル館富屋食堂

Goal

讓人想仔細參觀的景點

曾經是陸軍指定食堂的「富屋食堂」，從外觀到柱子尺寸都依照トメ的陳述完整重現。在館內還展示了特攻隊員出征前留在トメ手邊的信件及遺物。

☎0993-68-7566 🏠南九州市知覽町郡103-1 ¥400日圓 ⏰9～17時 休無休 🚌中郡巴士站步行即到 🅿20輛（使用商工會共用停車場）MAP P107

■特攻隊員的遺物與信件的展示 ■招牌和柱子的尺寸都真實重現當時的模樣

稍微走遠一些

ちらんとっこうへいわかいかん
知覽特攻和平會館

衷心理解和平的珍貴

年輕的特攻隊員們從此地起飛前往沖繩作戰而失去生命，這裡展示著他們的珍貴資料。

☎0993-83-2525 🏠南九州市知覽町郡17881 ¥500日圓 ⏰9～17時（入館為～16時30分）休無休 🚌特攻觀音入口巴士站步行5分 🅿500輛 MAP P139A2

知覽

N
200m

往知覽IC

薩摩英國館 ❶
TEA WORLD

知覽小

武家屋敷入口

❷知覽武家屋敷庭園

→高城庵 P.108

南九州市役所

大心寺町

知覽郵局

はらだ百貨店 中郡

❸Tomiya inn Annex
Monzen Gallery

ふもと橫丁

Tomiya inn

往川邊

法務局前

伊勢神社

薩南工高

❹知覽人形博物館

❺ホタル館富屋食堂

本町公民館

南九州市

📖 每年7月的第3個週六，青森著名的睡魔祭會在知覽舉行（知覽睡魔祭）。大小7座睡魔花車勇猛地列隊在道路上的景象震撼人心！

被指定為國家名勝的文化財
參觀7座知覽武家屋敷庭園

靜心地享受充滿薩摩質樸剛正風格的武家住宅，
與各有意趣的庭園之美吧

> **所需時間 約1小時**

知覽武家屋敷庭園 是這樣的地方

武家屋敷成形在江戶中期知覽城主‧島津久峰的時代，到現在約700m的道路兩側仍留有當時的風貌。特色是位於城市東北部的母岳為武家屋敷群一帶的借景。這美麗的街景，在昭和56年（1981）被指定為國家重要傳統建築物群保存地區。7間屋敷的庭園皆有對外開放，除了森重堅邸庭園外皆為枯山水式庭園，但各有不同的創意及手法，非常值得一看。

☎0993-58-7878 🏠南九州市知覽町郡 💰7庭園共通500日圓 🕒9～17時 休無休 🚃武家屋敷入口巴士站步行即到 P使用周邊付費停車場（60分200日圓）MAP P107

這裡是
枯山水庭園

枯山水式庭園

① 西鄉惠一郎邸庭園
さいごうけいいちろうていていえん

在東南角放置了枯瀑布的石堆呈現高峰，接連著羅漢松來呈現遠方的連山。因為高石堆看起來像鶴，低石堆像烏龜，這裡也被稱為鶴龜庭園。

薩摩獨特的外城制度是？

在江戶時代的薩摩藩，家臣的住居會環繞著領主的住居形成名為「麓」的聚落，來防範外敵。這就是「以人成城」的外城制度。據說在縣內就有102處。

🌲 不同的庭園形式

枯山水式庭園

源於禪宗寺院的庭園樣式。用白砂來取代水，並在白砂上劃出波紋來表現水流，以石堆來表現自然的風景。在知覽7庭園中有6座為枯山水式。

池泉鑑賞式庭園

以池塘和岩石來呈現山水的風景，是不用走下庭園，在室內就能欣賞的庭園樣式。在知覽只有森重堅邸屬於池泉鑑賞式。

高城庵
たきあん

> **在武家屋敷享用午餐**

完整延用武家屋敷的風格的餐廳，眺望著庭園悠閒地享受薩摩料理吧。

☎0993-83-3186 🏠南九州市知覽町郡6329 🕒10時30分～15時 休1月9日 🚃武家屋敷入口巴士站步行3分 P使用周邊付費停車場 MAP P107

薩摩料理的高城庵套餐2160日圓

鹿兒島的屋家屋敷群
不是只有知覽才有

以「以人為城」這個薩摩獨特的外城制度為基礎所建築而成的武家屋敷群，現在在縣北部的出水 **(MAP)** 隨身地圖正面C1)及姶良市的蒲生 (照片) **(MAP)** 隨身地圖正面D3)等，於縣內各地仍留有不少武家屋敷群。

枯山水式庭園

② 平山克己邸庭園
ひらやまかつみていていえん

羅漢松的圍籬與後方的母岳相連的優美造型。是從任何角度看都保有調和美感的借景庭園。

枯山水式庭園

③ 平山亮一邸庭園
ひらやまりょういちていていえん

在前方配置皋月杜鵑，後方配置羅漢松的圍籬，再借景母岳。特色是未設置石堆。

枯山水式庭園

④ 佐多美舟邸庭園
さたみふねていていえん

假山的上部為石燈籠，下部為巨石的石堆。面積有446㎡，7座庭園中最為豪華也最寬敞

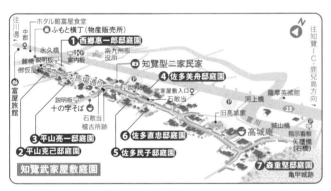

知覽武家屋敷庭園

枯山水式庭園

⑤ 佐多民子邸庭園
さたみたこていていえん

巨石及奇岩重複堆疊而成。從書院通往石橋的飛石等，有在其他庭園看不到的手法。

知覽型二家民家
ちらんがたふたつやみんか

居住用的「オモテ」和廚房·土間的「ナカエ」用小屋相連的分棟式民宅。這裡是移建、復原的建築物，在武家住宅群靠近中央的舊高城家裡有同樣構造的建築物。

在外廊小憩一下

鄉土點心與知覽茶的組合200日圓

枯山水式庭園

⑥ 佐多直忠邸庭園
さたなおただていていえん

在母岳的借景中心部立著石塊，在下部配置了多數石堆來呈現枯瀑布。梅樹與羅漢松的老樹配置也深有意趣。

池泉鑑賞式庭園

⑦ 森重堅邸庭園
もりしげみつていていえん

7座庭園中唯一的池泉鑑賞式庭園。細長的池塘中配置了奇岩，皋月杜鵑的修剪曲線極為優美。

📖 進到森重堅邸庭園後仔細看看右手邊的洗手鉢。竟然是愛心的形狀。是剛好，還是刻意的呢…？

享受指宿頂極的溫泉旅館

指宿的溫泉的魅力不只有砂蒸溫泉。
以下就來介紹相當特別的頂極住宿。

いぶすきはくすいかん
指宿白水館

在大規模的元祿浴池盡情享受豪華的溫泉浴

與松樹林與綠色草地美妙融合，在綠意當中點綴著四季多彩的花朵。擁有充滿和風風情的寬敞日本庭園，佔地5萬坪廣大的老字號旅館。旅館最大的魅力，是面積約1000坪、豪華絢爛的元祿浴池，當中有江戶時代的蒸氣浴池、木桶浴池、石榴浴池等，像是溫泉的遊樂園一樣。一定要體驗看看看岩盤浴及砂蒸溫泉。另外也展示了100種類以上的鹿兒島燒酒，還有提供試飲的燒酒道場，及銷售和菓子、原酒等原創商品的商店等，設施非常豐富。

☎0993-22-3131 ●指宿市東方12126-12 ●JR指宿站車程7分 ●無接送服務 ●200台 ●鋼筋7層樓建築、鋼筋3層樓建築 ●全205室 ●泉質:鈉鹽泉 ●風呂:內湯4 露天2 ●MAP P139C3

········費 用(1泊2食)········
✤平　日　16350日圓～
✤休前日　19590日圓～
●IN 15時 OUT 10時

✱Note
這裡還併設了以薩摩歷史與文化為主題的Gallery薩摩傳承館。館內備有義大利餐廳，可在此享用午餐及晚餐。

元祿浴池

放鬆專案

1 首先在房間眺望風景

2 前往充滿意趣的大浴池！

3 泡一下充滿南國氣氛的露天浴池

4 入浴後喝杯冰涼的甘薯燒酒

1 松樹林的綠色延伸到群青色的錦江灣，在這散步也很有趣 **2** 食材來自豐郁土壤與海洋珍味的晚餐 **3** 還可以體驗住宿者限定的砂蒸浴（另需1080日圓、6時～8時30分、15時30分～22時）

源泉放流式　房內用餐　附美容中心　有禁菸房　有大浴池　一人可入住

指宿

おんせんすいぷーるがーでんあんどはなれ
ぎんしょうべってい ゆりあん

温泉水プールガーデン&離れ 吟松別邸 悠離庵

在山林中享受渡假勝地氣氛
讓人想藏進口袋的的隱秘住宿

融合亞洲風渡假屋與日式風情的別墅型飯店。穿過櫃台所在地的母屋後，在山林之間散布著17棟別墅，一走進來就是渡假勝地般的摩登空間。全部客房都備有露天浴池，其中13棟還有一整年皆可使用的溫泉游泳池。

☎0993-22-2217（天川渡假地預約中心）🏠指宿市十二町湯／森6771-6 🚃JR指宿站車程13分 🚗無接送服務 🅿10輛 ●1層樓獨棟全17棟 ●泉質:食鹽泉 ●浴池:室房内池10 客室露天17 MAP P139C3

1 私人游泳池使用的是溫泉水，一年四季皆可游泳 **2** 被大自然環繞、充滿開放感的客廳中享受舒適的時光 **3** 源泉放流式的露天浴池，可以24小時一人獨占（**1 2 3** 皆為房型其中一例）

> ❖Note
> 溫泉水從3處源泉汲取而來，在大管徑水管緩緩流動降溫，降至適溫流進各房間。

······ 費用(1泊2食) ······
❖平　日　28800日圓〜
❖休前日　31800日圓〜
🕐 IN 14時 OUT 11時

指宿

いぶすきしゅうすいえん

いぶすき秀水園

以日本第一的高名氣料理與
和風的款待來療癒身心

這間旅館會由身著和服的女性以跪姿迎接說「歡迎回來」，加上數寄屋構造建築物、白木格子窗、枯山水庭園，到處都飄散著高格調的和風氣氛。料理部份也有很高的評價，旅行新聞社主辦的「專家票選日本飯店・旅館100選」的料理部門在2016年也獲得第1名，連續33年蟬聯冠軍寶座。

☎0993-23-4141 🏠指宿市湯の浜5-27-27 🚃JR指宿站車程5分 🚗指宿站有接送服務 🅿50輛 ●鋼筋5層樓建築全47室●泉質:鈉鹽泉●浴池:内湯2 露天2 貸切2 MAP P139C1

1 包租浴池位在無障礙空間的客廳中，享受著侈的入浴時間。照片為和風的「檜之湯」**2** 大量使用鹿兒島山珍海味的四季彩會席 **3** 也有足砂溫泉

> ❖Note
> 專用附客廳的包租浴池有和風的「檜之湯」與洋風的「拍之湯」，50分的費用為3000日圓。

······ 費用(1泊2食) ······
❖平　日　21750日圓〜
❖休前日　23910日圓〜
🕐 IN 14時 OUT 10時30分

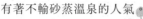

指宿的住宿

指宿在過去被稱為湯豐宿，
可見這裡溫泉住宿的豐富程度，
有著不輸砂蒸溫泉的人氣。

いぶすきふぇにっくすほてる
指宿鳳凰飯店

以砂蒸溫泉與季節黑會席重振精神

在四周被熱帶植物環繞，充滿南國氣氛中體驗露天及砂蒸等各式SPA。集合了鹿兒島特有黑食材如燉黑豬肉、黑豬肉涮涮鍋等的黑會席專案也很受好評。**DATA** ☎0993-23-4111 **住**指宿市十二町4320 **交**JR指宿站車程5分 **P**100輛 **■**指宿站有接送服務（需治詢）**¥**1泊2食10950日圓～、假日前日13110日圓～ **①**IN15時 OUT10時 ●鋼筋7層樓建築 ●全146室（和138・洋8）●泉質:鹽泉 ●浴池:內湯2 露天2 **MAP**P139C2

はなのおんせんほてる ぎんしょう
花の溫泉ホテル 吟松

在天空野天浴池享受無邊際的溫泉浴

可以在9樓的天空野天浴池、包場浴池、客房露天等，盡情享受溫泉的純和風旅館。最有名的會席是將溫泉水引來餐桌的「溫泉桌」，溫泉蒸氣四溢。**DATA** ☎0993-22-2217（天川渡假預約中心）**住**指宿市湯の浜5-26-29 **交**JR指宿站車程4分 **P**50輛 **¥**1泊2食15120日圓～、假日前日17280日圓～ **①**IN15時 OUT10時 ●全77室（和42・和洋28、洋7）●泉質:納鹽泉 ●浴池:內湯2 露天4 家族湯2 **MAP**P139C1

いぶすきこころのやど
指宿こころの宿

徹底活用併設的超級澡堂

房型有和洋室、和室、獨棟，可依照用途選擇。浴池則是設備齊全的超級澡堂「こころの湯」，擁有大浴池、露天、包租、療癒休息室等。**DATA** ☎0993-23-0810 **住**指宿市東方9227-6 **交**JR指宿站車程7分 **P**150輛 **¥**1泊2食9900日圓～、假日前日10900日圓～ **①**IN15時 OUT10時 ●鋼筋6層樓建築 ●全66室+1棟（和洋3・和26・洋37）●泉質:食鹽泉 ●浴池內湯2 露天2 **MAP**P139C3

りょかんつきみそう
旅館月見莊

位在砂蒸會館前小巧舒適的旅館

全部只有7間客房的小巧旅館，賣點是家庭式的款待與集合了鄉土美食的會席料理。旅館對面就是砂蒸會館砂蒸，地點相當方便。自豪的岩石浴池為源泉放流式溫泉。**DATA** ☎0993-22-4221 **住**指宿市湯の浜5-24-8 **交**JR指宿站車程4分 **■**指宿站有接送服務 **P**12輛 **¥**1泊2食13110日圓～、假日同亦同 **①**IN15時 OUT10時 ●鋼筋2層樓建築 ●全7室(和7) ●泉質:納鹽泉 ●浴池:內湯2 露天2 **MAP**P139C1

指宿ベイヒルズHOTEL&SPA
指宿海灣山Spa飯店

可一望指宿市區的展望大浴池

位在標高330m的森林當中，有大浴池、包租池、泡租露天、岩盤浴、能量球SPA等，都是女性喜愛的設施。料理從自助餐到薩摩料理都有，備有種類豐富的專案。**DATA** ☎0993-23-5552 **住**指宿市東方5000 **交**JR指宿站車程20分 **P**200輛 **¥**1泊2食10800日圓～、假日前日12960日圓～ **①**IN15時 OUT11時 ●鋼筋地下2層、地上4層樓建築 ●全70室(和42・洋12和洋6・其他10) ●泉質:納鹽泉 ●浴池:內湯4 家族湯2 包租露天5 **MAP**P139C3

いぶすきろいやるほてる
指宿皇家飯店

住宿專案中最有人氣的「Ibusuki Thalasso Beauty」

以景觀極佳的白色飯店，在綻藍海洋為背景下特別醒目。享受餐點、溫泉等脫離日常生活，渡過悠閒時光，專案2人1室14730日圓～。黑豬肉涮涮鍋最有人氣。**DATA** ☎0993-23-2211 **住**指宿市十二町4232-1 **交**JR指宿站車程6分 **P**50輛 **¥**1泊2食14730日圓～、假日前日15810日圓～ **①**IN15時 OUT10時 ●鋼筋7層樓建築 ●全68室(和13・洋36・和洋19) ●泉質:食鹽泉 ●浴池:內湯2 露天2 **MAP**P139C2

いぶすきおんせんこらんのゆきんこうろう
指宿溫泉こらんの湯錦江樓

講究名景與氣氛的和風摩登旅館

名為「こらんの湯」的溫泉，在當地也有高評價、具有傳統的泉源。溫泉中含有大量天然的保溼成份，也被稱為天然化妝水。因為景質優良、眺望、氣氛、料理都非常講究，是鮮少人知道的旅館。**DATA** ☎0993-22-3377 **住**指宿市西方4507 **交**JR指宿站車程12分 **P**70輛 **■**最近車站有接送服務 **¥**1泊2食13000日圓～、休假日前16000日圓～ **①**IN15時 OUT10時 ●鋼筋5層樓建築 ●全33室(和29和3和洋1) ●泉質納鹽泉 ●浴池:內湯2 露天2 **MAP**P139C3

源泉放流式　房內用餐　附美容中心　有禁煙房　有大浴池　一人可入住

世界自然遺產・屋久島
擁有不可思議的能量

想要走在歷史悠久的原生林中，
必須一大早起床，且最重要的是身心要作好準備。
和平常的早晨不一樣的生活作息，
出發感受屋久杉的能量吧。

屋久島
是這樣的地方

島上的原生林和壯觀的山岳讓人印象深刻
是讓人一生想到訪一次的世界自然遺產

觀光景點有8個區域

位在鹿兒島南方約135km的太平洋上，海岸線長132km的圓形島嶼。在島的中央聳立著九州的最高峰·宮之浦岳，標高為1936m。主要的健行景點有繩文杉、白谷雲水峽、Yakusugi Land等。在尾之間與平內還有充滿野趣的溫泉。島嶼的玄關是高速船起迄點的宮之浦和安房。離機場很近，餐廳、住宿處也很多。

來這裡收集屋久島地區的觀光資訊！

島內有3處觀光服務處。想知道山岳的資訊的話，就到安房服務處洽詢。

洽詢 屋久島觀光協會宮之浦服務所 ☎0997-42-1019
洽詢 屋久島觀光協會安房服務處 ☎0997-46-2333
洽詢 屋久島觀光協會事務局(小瀨田) ☎0997-49-4010

屋久島交通MAP

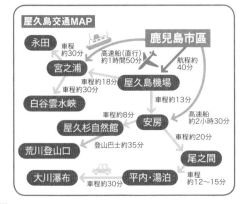

永田	車程約30分	鹿兒島市區
宮之浦	高速船(直行)約1小時50分	航程約40分
	車程約18分/車程約30分	屋久島機場
白谷雲水峽		車程約13分
	車程約8分	安房 高速船約2小時30分
屋久杉自然館		
荒川登山口	登山巴士約35分	車程約20分
大川瀑布	車程約30分	尾之間
		平內·湯泊 車程約12〜15分

ながた
永田 ①

蔚藍海洋與白色沙灘讓人印象深刻。5〜7月時還可以看到上陸產卵的海龜。也有欣賞夕陽的景點。

おおこのたき
大川瀑布 ②
···P122

水流滑過岩壁而直落而下的畫面非常有震撼力，是島內最大的瀑布。

ひらうち·ゆどまり
平內·湯泊 ③

因為位於南側，是島上最有南國氣氛的地區。平內海中溫泉及湯泊溫泉等沿海的野外浴池也很有人氣。

觀光重點
平內海中溫泉 ☞P123
屋久島水果園 ☞P122

みやのうら
宮之浦 ④

渡輪與高速船的起迄港，也是島上最大的聚落。也有很多可以品嘗到屋久島美食的餐廳。

觀光重點
屋久島環境文化村中心 ☞P122
屋久島觀光中心・屋久島市場 ☞P123

あんぼう
安房 ⑤

如果目的是登上繩文杉及九州最高峰・宮之浦岳的話，建議最好住宿在這個地區。

觀光重點
屋久杉自然館 ☞P122
散步亭 ☞P121
ご飯や 屋久どん ☞P123

屋久島

しらたにうんすいきょう
白谷雲水峽 ⑥

···P118

青苔像地毯一樣覆蓋著巨木及岩石，森林的風景美得跟畫一樣。來允分感受大自然的氣息吧。

地圖：

- 一湊港
- 永田 ①
- 78
- 屋久島燈塔
- 横川溪谷
- 鹿兒島縣 屋久島町
- （屋久島町營渡輪）往口永銀部島
- （折田汽船）往鹿兒島
- （種子屋久高速船）往鹿兒島
- （鹿商海運）往種子島・鹿兒島
- （種子屋久・高速船）往種子島・鹿兒島
- （屋久島町營渡輪）往種子島
- 宮之浦港 渡輪碼頭
- 宮之浦港
- ④ 宮之浦
- 三岳林道
- 59
- 楠川溫泉
- 77
- 屋久島機場
- 繩文杉 ⑦
- 宮之浦岳
- ⑥ 白谷雲水峽
- 町營牧場
- 荒川登山口
- 荒川水壩
- 西部林道
- ② 大川瀑布
- Yakusugi Land
- 屋久杉自然館
- （種子屋久高速船）往種子島・鹿兒島
- 安房港
- 安房 ⑤
- 78
- ③ 平内・湯泊
- 屋久島水果園
- 千尋瀑布
- 梢回廊カノッピ
- 太平洋
- 0 N 5km
- 湯泊溫泉
- 77
- ⑧ 尾之間

じょうもんすぎ
繩文杉 ⑦

···P116

繩文杉的推定樹齡為7200年，它落落大方佇立著的姿態讓人不禁產生萌生敬意。這個屋久島的珍寶，一輩子一定要朝聖一次。

おのあいだ
尾之間 ⑧

是位在尾之間三山（本富岳、耳岳、割石岳）山麓的聚落。氣候溫暖因此椪柑、桶柑等水果栽種非常興盛。

觀光重點
梢回廊カノッピ ☞P122
尾之間溫泉 ☞P123

115

置身於歷史悠久的大自然中以巨大繩文杉為目標的登山

繩文杉一直在屋久島的深山中守候著自然變遷的，
為了一窺它神聖之姿，開始來回10小時的健行。

難易度
適合中級者
步行距離
約22km
所需時間
約10小時

繩文杉路線建議

因為目標是在日落之前下山，所以最晚早上7時從荒川登山口出發。出發後一陣子是平緩上坡的小火車軌道，從大株步道後就開始真正的登山。只要有一點體力任何人都可以嘗試，但先確實準備好的登山裝備再出發吧。

飲用水·洗手間狀況

在小火車軌道終點的大株步道入口處有取水處，但還是自行攜帶約1L的水吧。洗手間除了登山口之外，在小杉谷山莊遺跡及大株步道入口也有。大王杉附近等共4處則設有使用隨身廁所的帳蓬。

交通狀況

在凌晨從宮之浦、尾之間共有3班巴士出發。搭乘種子島·屋久島交通巴士、まつばんだ交通巴士車程約40分，或開車至屋久杉自然館前，再轉乘荒川登山巴士到終點下車。登山巴士1天有3～5班次（依月份有增減），來回車資1380日圓，車程約35分即到達登山口。

洽詢 屋久島觀光協會安房服務所 ☎0997-46-2333 ✔呼籲支付援助屋久島山岳部環境保全贊助費(1000日圓)◆荒川登山巴士下山末班車為18時發車。注意不要錯過 ❄天氣不佳時 MAP P140C3～C2 ※12～2月登山巴士停駛

あらかわとざんぐち **Start**
荒川登山口

為了勝任長達10小時的路程，在起點的準備運動是不可少的。如果還沒提交登山證，就在這裡提交。

とろっこきどう
小火車軌道

沿著從大正12年（1923）開始使用的小火車軌道一直步行。因為地面溼滑，步行時要特別留意腳邊狀況。

くすがわわかれ
楠川分嶺

這裡開始是上級者路線

從這裡往北可以通往白谷雲水峽·苔之森，因為是上級者路線，沒有嚮導不得支身前往。

こすぎだにしゅうらくあと
小杉谷集落遺跡

最盛時期有133戶約540人居住的聚落遺跡。在學校遺跡有小亭子供休息，可以在這裡稍作小憩。

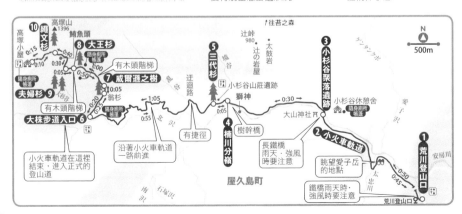

⑤

● さんだいすぎ
三代杉

在2代的樹幹上成長的第3代屋久杉。

高度：38.4m
樹圍：4.4m

● だいおうすぎ
大王杉

留意一下根部江戶時代曾經試砍的痕跡。樹齡高達3000年以上！

⑧

高度：24.7m
樹圍：11.1m

● おおかぶほどういりぐち
大株步道入口

⑥

從這裡開始進入登山道。這裡有洗手間及取水處，可以稍作休息繼續挑戰難關。

● ういるそんかぶ
威爾遜之樹

⑦

高度：約5m
樹墩圍周：約13.8m

在樹墩中間的空洞約有5坪大小。從中間抬頭往上看是愛心的形狀。對自己腳程沒有信心的人，可以在這裡折返。

【妻】高度：25.5m
樹圍：5.8m
【夫】高度：22.9m
樹圍：10.9m

● めおとすぎ
夫婦杉

⑨

在離地約10m處2棵杉樹有如牽手一樣的融合為一。右邊為夫，左邊為妻。

● じょうもんすぎ　**Goal**
繩文杉

悠然佇立的森林王者

⑩

高度：25.3m
樹圍：16.4m

從太古時代就一直守護著森林大自然的繩文杉，終於見到本尊了。它的存在感讓人震撼不已。

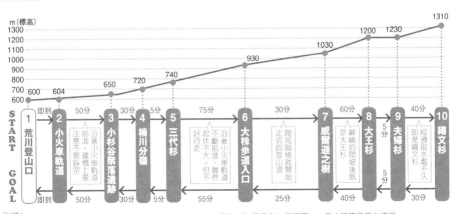

m（標高）

	600	604	650	720	740	930	1030	1200	1230	1310

| START GOAL | 1 荒川登山口 | 即到 ← 即到 | 2 小火車軌道 | 50分 ← 50分 | 3 小杉谷聚落遺跡 | 30分 ← 30分 | 4 楠川分嶺 | 5分 ← 5分 | 5 三代杉 | 75分 沿著小火車軌道前進，起伏不大，但難然不好行走 ← 55分 | 6 大株步道入口 | 30分 正式的登山道開始 爬完陡梯就 ← 25分 | 7 威爾遜之樹 | 60分 嶮峻的爬坡後就是大王杉 ← 40分 | 8 大王杉 | 5分 ← 5分 | 9 夫婦杉 | 40分 經過取水處不久即是繩文杉 ← 30分 | 10 繩文杉 |

📖 屋久島的多雨氣候，讓詩人林芙美子在《浮雲》中寫下「屋久島1個月有35天下雨」。登山時雨具是必須品。

神秘之森・白谷雲水峽。
在這裡是有如想像的世界

難易度
適合初級者
步行距離
約4.2km
所需時間
約5小時

好像會有精靈突然探出頭來…，在白谷雲水峽就是有這種感覺的世界。
清冽的河川流水與覆蓋著青苔的森林，引導人進入這個神秘的世界。

白谷雲水峽建議

一開始是一邊眺望著巨大花崗岩與清流的步行，到楠川步道開始為佈滿青苔的森林，接著屋久杉的巨木即將登場。到達目標的「苔之森」約需2小時30分。有體力的話，可以繼續前進走到太鼓岩。雖說是適合初級者的路線，但如果穿著涼鞋或高跟鞋也是相當危險的。一定要穿著登山健行鞋。

飲用水・洗手間狀況

因為和繩文杉路線一樣沒有自來水設備，水需要自行攜帶。洗手間則是在出發點的白谷廣場有1處，位在潛杉前方的白谷小屋也有洗手間和使用隨身廁所的帳篷。

交通狀況

從宮之浦港搭乘種子島、屋久島交通巴士、まつばんだ交通巴士往白谷雲水方向班次，車程約35分，1天有7班次（12～2月需向巴士公司洽詢），從宮之浦港出發單程為550日圓。開車的話到白谷廣場約30分，但因為停車場很小，比起租車前往，搭乘巴士較方便。

【洽詢】屋久島レクリエーションの森保護管理協議會☎0997-42-3508　屋久島觀光協會安房服務處☎0997-46-2333　💰森林環境整備推進贊助金500日圓　⏰未明文規定，但最好日落前下山（管理員駐守為8時30分～16時30分）　🚫天氣不佳時　🅿50輛　MAP P140C2

屋久島的
代表性景點

しらたにひろば
白谷廣場 Start

白谷雲水峽的起點處。因為有高低起伏很大的區間，在這裡先確實作好伸展體操。

くすがわほどう
楠川步道

舖滿石塊的森林小徑。是江戶時代薩摩藩為了搬運杉木而整備的古道。

さんさろ
三叉路

小心不要漏看標識了

楠川步道的終點。往右彎就是奉行杉路線，看清楚標示後往左邊的白谷小屋方向前進。

ひりゅうおとし
飛流瀑布

落差約50m的瀑布，水流豪爽地流過形成屋久島的花崗岩岩面後落下。在與瀑布平行的地方設置有遊步道。

さつきつりばし
杜鵑吊橋

6月為賞杜鵑花的名地

到這為止是經舖設的道路，接下來終於要進入山路了。渡過吊橋後往楠川步道前進。

くぐりすぎ
潛杉

樹根部份有如入口一樣開了個大洞。杉木原本是跨在倒木上向下紮根，後來因為倒木腐壞消失，而變成現在的模樣。

高度：22m
樹圍：約3.1m

◆ こけむすもり **Goal**
◆ 苔之森 \ 充滿魅力的綠色森林

8

宮崎駿導演的電影《魔法少女》的靈感就來自這裡。約700種類的青苔溫柔地覆蓋著森林的景色，讓人感受到神聖的氣氛。

↑

7

◆ ななほんすぎ
◆ 七本杉

就像它的名字一樣，在樹上有7支分枝。這是屋久杉在深邃的森林中為了吸收日光，努力伸長樹枝而成的姿態。

高度：18m
樹圍：約8.3m

想欣賞更多屋久杉的話

可以從三叉路前往有奉行杉、三本槍杉、三本足杉、二代杉等特殊屋久杉的路線。體力足夠的話，也可以去看從杜鵑吊橋步行約30分處的巨木‧彌生杉。

往宮之浦

N
200m

彌生杉
管理棟
若要縱貫屋久島則在這裡提交入山證

彌生杉步道
白谷雲水峽
1 白谷廣場

屋久島自然休養林
休憩天岩
0:20 0:15
0:20 0:25
0:12 0:10

白谷川
白たえの滝

杜鵑吊橋岐點
0:05 0:05
飛流橋
2 飛流瀑布
屋久島首屈一指的名瀑

要渡過數處水池，要注意深度
二代大杉
三本足杉 1:30
1:20
3 杜鵑吊橋
6月為賞杜鵑的名地

奉行杉路線
三本槍杉
0:50 0:45
4 楠川步道
要渡過數處水池，弄注意音深度

奉行杉
二代酒杉
5 三叉路
0:05

苔石、清流地區
連續陡坡
屋久島町

6 潛杉
0:05

白谷小屋無人
隨身廁所檢查
7 七本杉
0:05

0:10 0:07

8 苔之森
夢幻般的青苔世界的最高潮。眼前一整片是有如圖畫的風景。

往太鼓岩

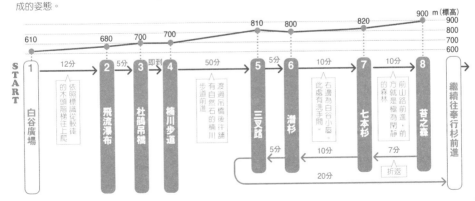

900 m(標高)
610 680 700 700 810 800 820 900
900
800
700
600

START

1 白谷廣場 — 12分 — **2** 飛流瀑布 — 5分 — **3** 杜鵑吊橋 — 即到 — **4** 楠川步道 — 50分 — **5** 三叉路 — 5分 — **6** 潛杉 — 10分 — **7** 七本杉 — 10分 — **8** 苔之森 — 繼續往奉行杉前進

依照標識通從徒的木頭階梯往上爬

有自然石的楠川步道前進

渡過吊橋後往此處是往白谷小座

右邊是往白谷小座此處有洗手間

前山方就是極為閒靜的森林

前山路前進、的森林方就是極為閒靜

5分
10分
7分
折返
20分

屋久島的海洋是亞熱帶與溫帶魚類混合存在的魚類樂園。也是值得推薦的潛水景點。

119

感受時間慢速的流動
在屋久島享受頂極幸福的咖啡廳時光

身在屋久島，很不可思議的好像時間過得比較慢，
待在舒適放鬆的咖啡廳中，必定可以渡過更閑靜的時間。

小瀬田

きっさ じゅりん

喫茶 樹林

在森林中享受放鬆的時間

從縣道稍微走一段路，就能到達這間感受得到森林氣氛的木造咖啡廳。除了收集了多樣關於屋久島的書籍外，在中庭還設有盪鞦韆。以屋久島的水果製作的果汁、甜點，及人氣的オーロラカレー等輕食也很豐富。

☎0997-43-5454 住屋久島町小瀬田826-31
🕙10～17時 休週日 交屋久島機場步行7分
🅿15輛 MAP P141D2

推薦料理

慢工燉煮的オーロラカレー，附生菜沙拉800日圓

在露台感覺更接近青空和大海了

店內配置了屋久杉和鐵杉的木桌，充滿溫暖的氣氛

感受得到海潮味與海風的開放感構造

推薦料理

焦糖布丁聖代680日圓，微苦的醬汁很特別

安房

すまいりー

Smiley

自然會露出笑臉的溫暖咖啡廳

充滿季節感的手工蛋糕、聖代、使用島上水果的飲料奶昔等很有人氣。午餐時段推薦的是以自製麵包製作的英式瑪芬三明治與加了大量蔬菜的湯品套餐980日圓。

☎0997-46-2853 住屋久島町安房122-1 🕙9時30分～18時 休週二(夏季為無休) 交安房港車程3分 🅿8輛
MAP P141F3

想在屋久島的
咖啡廳體驗
製作苔玉嗎？

因深邃森林與豐潤水氣的孕育，讓屋久島成為世界數一數二的青苔寶庫。在「Caféどうぶち」可以享用美味的咖啡，一邊體驗製作苔玉。所需時間為30分，1個1000日圓～（附咖啡，需預約）。

☎0997-49-3480 **MAP**P140C4

安房
わさび
和茶灯

是餐廳也是咖啡廳

距離安房港很近，地點極佳的畫廊兼咖啡廳。有起司、巧克力、黃豆粉蛋糕捲、蛋糕等供選擇的蛋糕套餐，以及附有飛魚的薩摩炸魚餅、九孔等人氣當地食材的定食1400日圓等。

☎0997-46-2390
住屋久島町安房111-3
⏰11～21時 休週四交安房港車程3分 P5輛
MAPP141F3

店内為木質的裝潢，充滿開放感。也有陶器等的銷售空間

推薦料理

蛋糕套餐600日圓中的黃豆粉蛋糕捲

志戸子
かふぇきーな
カフェ kiina

溫暖舒適的古民宅咖啡廳

老闆花了2年將古民宅重新改建為咖啡廳，提供自製蛋糕和聖代。墊高的褟褟米房内則展示了島内作家的照片和銷售手工製作的小物、飾品等。

☎080-8576-4830
住屋久島町志戸子181-97 ⏰10～16時（夏季至17時）休週日～二，其他有不定期休交宮之浦港車程15分
P6輛 **MAP**P140B1

在志戸子ガジュマル園（**MAP**P140B1）停車場有招牌標示

推薦料理

本日鹹派450日圓，有每日更換的鹹派附生菜沙拉。單點為400日圓

安房
さんぽてい
散步亭

創業40年的老字號咖啡廳

這間位在安房川旁，白天是咖啡廳，晚上則為餐廳吧。使用屋久島近海白肉魚做涼拌生切片800日圓～，人氣餐點白製黑豬肉味增420日圓。

☎0997-46-2905 住屋久島町安房2364-17 ⏰11時30分～14時LO、18時～翌日1時（第2、4週為18時～翌日1時）休第1、3週交安房港車程2分 P6輛
MAPP141F4

推薦料理

主菜有義大利麵和白飯可選擇的午餐980日圓，附飲料

大幅的窗框可一望安房川景色，木頭質感的時尚餐廳

在屋久島為了環境保護，除了伴手禮店之外，有很多商店的塑膠袋需付費（1個5日圓）。

不妨到這裡走走

屋久島的推薦景點

やくすぎらんど
🅿 Yakusugi Land

散步於屋久杉森林中

說到屋久島，最有名的就是推定樹齡超過1000年的屋久杉。遍佈在標高1000～1300m高地的森林中，散布著多數屋久杉。而較能輕易前往屋久杉則設定有4條登山路線。**DATA** ☎0997-42-3508 (屋久島レクリエーションの森保護管理協議会) 🏠屋久島町 🕒8時30分～16時30分(入園) ¥森林環境整備推進贊助金500日圓 🈺無休(因天氣不佳等交通中斷時則休園) 🚉安房港車程40分 🅿40輛 **MAP** P140C3

在全部路線終點附近的「潛杉」

在步行的同時，感受河川潺潺水流聲與清澈的空氣，連心靈也被洗淨了。登山路線有30·50·80·150分4個種類。可以依照自己的體力來挑戰

おおこのたき
🅿 大川瀑布

可以走近到瀑布潭旁

流水從被闊葉林包圍的山壁上滑落，這座瀑布是日本瀑布百選之一，落差約88m，是屋久島最大的規格。可以走近到瀑布潭的旁邊，尤其夏天會有細小水滴落下，就好像身在天然冷氣當中。**DATA** ☎0997-43-5900(屋久島町商工觀光課) 🏠屋久島町栗生 ¥🈺自由參觀 🚉安房 車程53分 🅿4輛 **MAP** P140A3

やくしまかんきょうぶんかむらせんたー
🅿 屋久島環境文化村中心

先來這裡了解屋久島吧

透過影像、模型，多方面介紹屋久島的自然、文化等。因為距離宮之浦港很近，來到屋久島時首先就來這裡收集資訊吧！

DATA ☎0997-42-2900 🏠屋久島町宮之浦823-1 🕒9～17時 ¥免費(展示廳與大廳的參觀為520日圓) 🈺第3週二(逢假日則翌日，7月1日～10月31日為無休) 🚉宮之浦港步行5分 🅿50輛 **MAP** P141E1

せんぴろのたき
🅿 千尋瀑布

從單塊巨岩上滑落的壯觀瀑布

水從單塊花崗岩的上滑過後急下，有60m落差的大瀑布是來到屋久島一定要求的著名景點。從瀑布正面的展望台看到瀑布從V字山谷中流動的風景，讓人感受大自然的雄偉與神秘。**DATA** ☎0997-43-5900(屋久島町商工觀光課) 🏠屋久島町原 ¥🈺自由參觀 🚉安房港車程15分 🅿10輛 **MAP** P140C4

こずえかいろうきゃのっぴ
🎵 梢回廊キャノッピ

充份玩樂森林的活動設施

全長30m的木道架在闊葉林上，是可觀察森林景觀的Canopy Walk，及搭乘滑車移動、高約15m的Canopy Rope等，一邊感受大自然一邊玩樂。**DATA** ☎0997-49-3232 🏠屋久島町房677-44 🕒9～17時入園(會依季節變動) ¥Canopy Walk1人1000日圓等(依種類而異) 🈺週二(7/20～8/31無休、8/15休)、其他不定期休 🚉安房港車程20分 🅿12輛 **MAP** P140C4

やくすぎしぜんかん
🅿 屋久杉自然館

學習所有關於屋久杉的知識

屋久杉為什麼長壽？有什麼特色？等，相關疑問在這裡都能得到解答！屋久島的森林與人的關係、森林形成的過程等，都清楚易懂地介紹。因積雪而折斷的繩文杉大樹枝(實品)，非看不可。**DATA** ☎0997-46-3113 🏠屋久島町安房2739-343 🕒9～17時(最後入館為閉館30分前) ¥600日圓 🈺第1週二 🚉安房港車程7分 🅿100輛 **MAP** P141E4

やくしまふるーつがーでん
🅿 屋久島水果園

輕鬆觀察亞熱帶的植物

約1600種亞熱帶植物及果樹等茂密生長，在當中散步享受置身在森林中的氣氛。因為有導覽員提供解說，有興趣的植物都可以提問。在園內採收的季節水果的試吃也讓人期待。**DATA** ☎0997-48-2468 🏠屋久島町中間629-16 🕒8時30分～16時30分 ¥500日圓 🈺天氣不佳時有休園的狀況 🚉安房港車程44分 🅿20輛 **MAP** P140B4

いるまーれ
🍴 イルマーレ

豐富島上食材的義大利料理

位在屋久島機場附近的義大利餐廳。義大利料理的起司、火腿，以及盡可能自行栽種蔬菜、香草，使用當地的海鮮，對料理充滿講究。午餐為1500日圓～、晚上的套餐料理為5000日圓～(晚餐應於前一天預約)。**DATA** ☎0997-43-5666 🏠屋久島町小瀨田815-92 🕒11時30分～15時、18～21時 🈺週四(逢假日則前日) 🚉屋久島機場步行2分 🅿10輛 **MAP** P141D2

田舍味 茶屋ひらの
いなかあじ ちゃやひらの

充滿島上自然恩惠的「屋久然料理」

使用契約農民的蔬菜、山菜名人所採的山菜、新鮮海產等屋久島在地食材製作的「屋久然料理」，以套餐方式享用。白天為2160日圓～，晚上為3780日圓～，為無菜單料理。因為隨時都高堂滿座，不分時段都要先預約。(DATA) ☎0997-46-2816 (住)屋久島町安房2617-3 (時)11～15時、18～21時(皆需預約) (休)不定期休 (交)從安房港車程8分 (P)20輛 (MAP)P141D3

Mam's Kitchen Cookie Studio
まむずきっちんくっきーすたじお

在這裡入手人氣的鹽餅乾

使用在永田濱生產的天然鹽的屋久島永田鹽餅乾，6片入680日圓。在製作餅乾的廚房也有銷售現烤餅乾、餅乾、霜淇淋350日圓等。現場附有桌椅，馬上吃也OK。(DATA) ☎0997-42-0601 (住)屋久島町宮之浦1261-13 (時)9～17時(冬期有縮短的狀況) (休)週一、四暑假期間等為無休 (交)宮之浦港車程5分 (P)10輛 (MAP)P140C1

難得來了就一定要吃的屋久島美食

說到屋久島美食，最有名的就是新鮮海產及鹿肉等山林中的美味。享受一下只有屋久島才有的料理吧。

和食の海舟
わしょくのかいしゅう

花腹鯖的壽喜燒！

花腹鯖的壽喜燒1600日圓～（需預約）及生魚片定食1800日圓等，從新鮮的海產到鄉土料理都有提供。(DATA) ☎0997-42-1160 (住)屋久島町宮之浦2367-7 (時)11時30分～14時、17時30分～22時 (休)週日不定期休 (交)宮之浦港車程3分 (P)20輛 (MAP)P141E2

屋久島觀光中心・屋久島市場
やくしまかんこうせんたー・やくしまいちば

旅行尾聲在這裡購買伴手禮

屋久島的特產品的加工品、甜點、屋久杉製品、陶器、風景明信片、雜貨等，網羅了屋久島的各種伴手禮。因為位在宮之浦港步行可到的地點，回家前可以盡情逛到最後一刻。(DATA) ☎0997-42-0091 (住)屋久島町宮之浦799 (時)8～19時 (休)無休 (P)50輛 (交)宮之浦港步行7分 (MAP)P141E1

HONU
ほぬ

可愛又有女孩感的飾品類

使用屋久杉或貝殼製作出愛心、海龜、鹿等可愛形狀的飾品，還有多樣雜貨。其中也有用被稱為屋久貝的夜光貝加工製作的項鍊5400日圓～，作為伴手禮或送給自己都不錯。(DATA) ☎0997-49-3145 (住)屋久島町麦生901-1 (時)10～18時 (休)週四 (交)安房港車程12分 (P)5輛 (MAP)P140C4

焼肉れんが屋
やきにくれんがや

受登山客歡迎的燒肉店

創業30年以上以鹿兒島料理聞名的燒肉店。人氣料理是鹿、牛、豬的燒肉、鹿肉生切片、屋久島產斑節蝦的れんが屋定食2500日圓。(DATA) ☎0997-46-3439 (住)屋久島町安房410-74 (時)11～14時、18～21時 (休)不定期休 (交)安房港步行7分 (P)50輛 (MAP)P141F3

尾之間溫泉
おのあいだおんせん

溫度偏熱的溫泉好舒服

不只當地居民會使用，觀光途中或登山回程時都可以輕鬆入浴，特色是約49℃的偏熱的水溫。在浴池底部鋪滿了玉石，具恢復疲勞的效果，泡一下這個硫磺泉不斷湧出的源泉放流式溫泉，重新振奮一下精神吧！(DATA) ☎0997-47-2872 (住)屋久島町尾之間 (時)7時～21時30分 (¥)200日圓 (休)週一的上午 (交)安房港車程18分 (P)30輛 (MAP)P140C4

平內海中溫泉
ひらうちかいちゅうおんせん

從海中出現的溫泉!?

從海岸岩石底部湧出的溫泉。平常存在海中，在退潮前後2小時海水退去時現身，只有這段時間可以入浴的特色溫泉。入浴可能需要一點勇氣，要來挑戰看看嗎？（不得穿著毛巾、泳裝）。(DATA) ☎0997-43-5900(屋久島町商工觀光課) (住)屋久島町平內(退潮前後約2小時(天氣不佳時不開放)) (¥)100日圓(贊助金) (休)無休 (交)安房港車程34分 (P)4輛 (MAP)P140B4

ご飯や 屋久どん
ごはんや やくどん

炸飛魚尺寸之大讓人震撼

從漁會進貨的飛魚的菜色中，以最能充份享受飛魚風味的屋久どん滿喫セット1800日圓最有人氣。黃金週與夏季容易客滿，最好提早前來。(DATA) ☎0997-46-3210 (住)屋久島町安房500-46 (時)11～15時、18～21時 (休)不定期休 (交)安房港步行5分 (P)30輛 (MAP)P141F3

不用登山也可以達到世界自然遺產的就是西部林道((MAP)P140A2～3)。因為道路狹小且多彎，要小心開車。

屋久島 ● 不妨到這裡走走 屋久島的推薦景點

在屋久島想投宿的高品質住宿

在流動著獨特時間的屋久島，
住在這裡不知不覺地連時間也忘了，在這樣的空間中好好放鬆吧。

麥生

さんからほてるあんどすば　やくしま
sankara hotel&spa 屋久島

被屋久島森林環繞著
最頂級的渡假村住宿

以與屋久島共生為主題的住宿型的豪華渡假村。在廣約3萬㎡的腹地內，備有游泳池、SPA等的本館，以及重視隱私的VILLA散布其中。每間客房都有專屬的管家，在使用屋久島及九州食材的餐廳中，則有著名法式廚師大顯身手。

☎0800-800-6007（預約專用）住屋久島町麥生萩野上553 ⎈屋久島機場車程40分 P29輛 MAP P140C4 ●本館RC+木造地下1層樓地上2層樓，其他VILLA 29室 ※不接受15歲以下兒童住宿 ※住宿費之外另需500日圓的sankara基金（屋久島自然捐款）

1位在高台上可一望海景的游泳池，享受著多的片刻時光 2有著53㎡寬敞空間的「samudra villa」 3採用屋久島豐郁自然元素的原創SPA

❀Note
視線越過亞熱帶雨林所見風景，就如繪畫一樣美麗。尤其是從游泳池畔欣賞到的日出景色最為震撼。

········· 費用 ·········
✛ 平　日　　33000日圓～
✛ 休前日　　33000日圓～
⏱ IN 15時 OUT 13時

1天氣晴朗時還可以在露天的座位用餐
2在各棟備有五石衛門風的浴池

湯泊

やくしま うみのこてーじ てぃーだ
屋久島 海の胡汀路 てぃーだ

在絕佳海景的小屋
品嘗自豪的創作料理

位在可一望東海的高台上，全部有4間為附閣樓的獨棟客房。各棟中有內浴池與面海的半露天浴池，另外還附有洗衣機，長期住宿也OK。早晚餐是在可一望海景的餐廳棟用餐。由主廚親自採用當地食材，以套餐的形式提供和洋創作料理。是注重隱私、充滿開放感的高CP值的住宿。

········· 費用（1泊2食）·········
✛ 平　日　　12000日圓～
✛ 休前日　　12000日圓～
⏱ IN 16時 OUT 10時

❀Note
主廚在各處累積了10年以上工作經驗，他製作的料理不只晚餐，白天的每日料理也是極品菜色。

☎0997-49-8750 住屋久島町湯泊211-52 ⎈安房港車程36分 P10輛 MAP P140B4 ●木造附閣樓小屋 ●全4室 ●浴池：各棟內有內池與半露天

🛁源泉放流式 🏠房內用餐 💆附美容中心 🚭有禁煙房 ♨有大浴池 👤一人可入住

尾之間

じぇいあーるほてるやくしま

屋久島JR酒店

一邊眺望著壯觀的大海
一邊享受美食與優質溫泉

正面有本富岳，後方有東海，地點絕佳的飯店。在源泉放流式的大浴湯還可以邊泡湯邊欣賞夕陽。用餐則是在可一望大海的餐廳，有可以少量品嘗屋久島的山珍海味的小盤料理，和充滿意趣的創作套餐料理。

······費 用（1泊2食）······
✢ 平　日　　9500日圓～
✢ 休前日　　9500日圓～
🕐 IN 15時 OUT 11時

❖Note
稠狀的溫泉水，就像泡在美容液裡一樣舒服。11月中旬～2月底還可以欣賞夕陽。

☎0997-47-2011 🏠屋久島町尾之間136-2 🚌JRホテル屋久島巴士站即到 🅿40輛
MAP P140C4 ●鋼筋5層樓建築　46室●
泉質：鹼性單純泉 ●浴池：內湯2 露天2

1 飯店建築物為圓筒形的構造
2 看著水平線泡著溫泉，好像身在海裡一樣

尾之間

やくしまいわさきほてる

屋久島岩崎飯店

本富岳就近在眼前
渡過奢侈的片刻時光

在屋久島中也是很特別稀有形狀的本富岳。而可以從正面一望本富岳的飯店就是這裡。客房中配置了以屋久杉製作的原創家具，全部客房皆附有陽台供眺望主富岳或是蔚藍海洋。而大量使用屋久杉的大浴池中，有可以眺望山丘的露天浴池，極具開放感！另外可以接觸屋久島大自然的活動也很充實。

1 窗外雄偉的本富岳，就像一幅畫一樣
2 外面的露天浴池為源泉放流式溫泉

······費 用（1泊2食）······
✢ 平　日　　21600日圓～
✢ 休前日　　23220日圓～
🕐 IN 14時 OUT 11時

❖Note
全部客房皆提供網路及Wifi。只要自己攜帶電腦即可隨時調查屋久島的情報，非常方便。

☎0997-47-3888 🏠屋久島町尾之間1306 🚌いわさきほてるホテル巴士站即到 🅿50輛
MAP P140C4 ●鋼筋地下1層、地上6層樓建築　125室●泉質：硫黃泉 ●浴池：內湯1 露天1

小瀬田

じょうもんのやど まんてん

繩文之宿蔓藤飯店

享受美肌溫泉
放鬆身心

這間溫泉旅館在3000坪的廣大腹地內，有住宿棟和以蒙古包為造型的小屋、溫泉、餐廳等設施。寬敞的大浴池及附按摩浴缸的露天浴池等所提供的溫泉都是具美肌效果的鹼性泉，是讓肌膚變得光滑的人氣溫泉。而品嘗著屋久島新鮮海味與黑豬肉料理，渡過悠閒的時光，平常的壓力感覺都飛散消失了。

······費 用（1泊2食）······
✢ 平　日　　12960日圓～
✢ 休前日　　14040日圓～
🕐 IN 15時 OUT 11時

❖Note
提供不住宿溫泉（11時～22時），1600日圓，也有岩盤浴（60分1000日圓）。

☎0997-43-5751 🏠屋久島町小瀬田812-33 🚌屋久島機場步行即到 🅿70輛
MAP P141D2 ●木造RC混合　小屋(蒙古包)10棟●泉質：鹼性單純溫泉 ●浴池：內湯1 露天1

1 機場步行1分的位置，很適合作為觀光據點
2 感受得到自然的風與光線的露天浴池

屋久島 ● 在屋久島想投宿的高品質住宿

125

➡ 交通資訊

前往鹿兒島・屋久島的方法

該怎麼到達目的地？目的地裡該怎麼移動？
以出發地與旅行型態來擇最適合的交通手段吧。

✈ 日本國內線 -AIR-

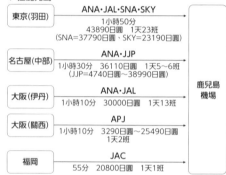

▶往鹿兒島

東京(羽田)	ANA・JAL・SNA・SKY 1小時50分 43890日圓　1天23班 (SNA=37790日圓、SKY=23190日圓)	
名古屋(中部)	ANA・JJP 1小時30分　36110日圓　1天5～6班 (JJP=4740日圓～38990日圓)	鹿兒島 機場
大阪(伊丹)	ANA・JAL 1小時10分　30000日圓　1天13班	
大阪(關西)	APJ 1小時10分　3290日圓～25490日圓 1天2班	
福岡	JAC 55分　20800日圓　1天1班	

▶往屋久島

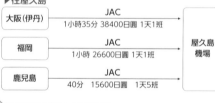

大阪(伊丹)	JAC 1小時35分 38400日圓 1天1班	
福岡	JAC 1小時 26600日圓 1天1班	屋久島 機場
鹿兒島	JAC 40分　15600日圓　1天5班	

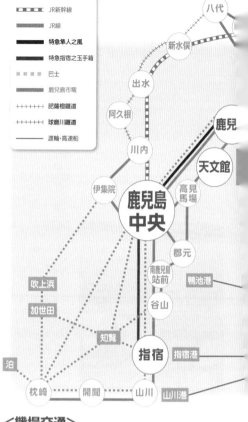

圖例：
- JR新幹線
- JR線
- 特急隼人之風
- 特急指宿之玉手箱
- 巴士
- 鹿兒島市電
- 肥薩橙鐵道
- 球磨川鐵道
- 渡輪・高速船

地名：八代、新水俁、出水、阿久根、川內、伊集院、鹿兒島中央、高見馬場、天文館、鹿兒、郡元、南鹿兒島站前、鴨池港、谷山、吹上浜、加世田、知覽、泊、枕崎、開間、山川、山川港、指宿、指宿港

<機場交通>

鹿兒島機場到鹿兒島中央站搭乘巴士約需1小時，因此轉乘時最好保留充裕的時間。從鹿兒島機場到縣內各地的巴士也很多，可以善佳利用。

行程計畫要點

前往鹿兒島最有效率的方法是飛機，也可以先搭乘班次與特價較多的飛機到福岡(博多)車站，再從福岡(博多)站轉搭九州新幹線也是不錯的方法。從各地搭乘飛機前往屋久島的話，可以在鹿兒島機場或福岡機場轉機。而從大阪出發的話，1天有1班(上午)的直達班機。屋久島的班機容易受天候影響，要特別留意。

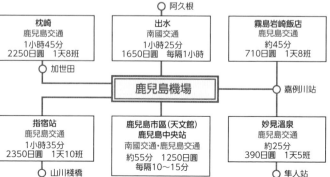

枕崎 鹿兒島交通 1小時45分 2250日圓　1天8班	阿久根 出水 南國交通 1小時25分 1650日圓　每隔1小時	霧島岩崎飯店 鹿兒島交通 約45分 710日圓　1天8班
○ 加世田	**鹿兒島機場**	○ 嘉例川站
指宿站 鹿兒島交通 1小時35分 2350日圓　1天10班	鹿兒島市區(天文館) 鹿兒島中央站 南國交通・鹿兒島交通 約55分　1250日圓 每隔10～15分	妙見溫泉 鹿兒島交通 約25分 390日圓　1天5班
○ 山川棧橋		○ 隼人站

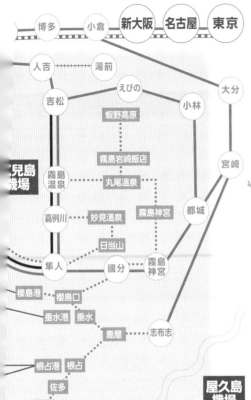

鐵路 -RAIL-

▶ 使用東海道・山陽・九州新幹線※搭瑞穗號為+310日圓(從博多搭車則同價)

			鹿兒島中央站
東京站	新幹線希望號	新大阪站 新幹線瑞穗號・櫻花號	
	7小時　30170日圓	每隔30分～1小時	
名古屋站	新幹線希望號	新大阪站 新幹線瑞穗號・櫻花號	
	5小時10分　25660日圓	每隔30分～1小時	
新大阪站	新幹線瑞穗號・櫻花號		
	4小時05分　21900日圓　約每隔1小時		
博多站	新幹線瑞穗號・櫻花號・燕子號		
	1小時20～55分　10450日圓　約每隔30分		

行程計畫要點 因為從東京・名古屋沒有直達的新幹線,需在新大阪站或博多站換車。博多出發的話有「瑞穗號」、「櫻花號」、「燕子號」每隔約30分發車。

划算的交通票

肥薩線のんびりきっぷ
從博多(福岡市內)出發15430日圓
從鹿兒島中央出發10500日圓
從熊本出發10500日圓

可無限次搭乘熊本～八代～人吉～隼人(鹿兒島本線・肥薩線)與鹿兒島中央～霧島神宮(日豐本線)的特急普通車指定席(不得搭乘九州新幹線)・普通列車的通票。欲搭乘「SL人吉」時,另需支付指定席票820日圓。可搭乘人氣觀光列車「伊三郎・新平」、「隼人之風」、「翡翠山翡翠」,欲選擇「翡翠山翡翠」的長椅座位時另需支付指定席票730日圓。自由區間內,去回程的其中一趟可搭乘九州新幹線普通車指定席,其中一趟搭乘經由肥薩線的班次。車票在九州主要車站及旅行社皆有銷售,有效期間為3天。

巴士 -BUS-

▶ 從博多・熊本・宮崎出發

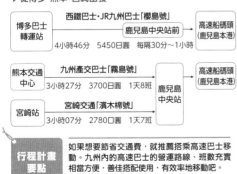

博多巴士轉運站	西鐵巴士・JR九州巴士「櫻島號」	鹿兒島中央站前	高速船碼頭(鹿兒島本港)
	4小時46分　5450日圓　每隔30分～1小時		
熊本交通中心	九州產交巴士「霧島號」	鹿兒島中央站	高速船碼頭(鹿兒島本港)
	3小時27分　3700日圓　1天8班		
宮崎站	宮崎交通「濱木棉號」		
	3小時07分　2780日圓　1天7班		

行程計畫要點 如果想要節省交通費,就推薦搭乘高速巴士移動。九州內的高速巴士的營運路線、班數充實相當方便,善佳搭配使用,有效率地移動吧。

洽詢	
鐵路	
JR九州(服務中心)	☎050-3786-1717
JR西日本(客服中心)	☎0570-00-2486
鹿兒島市交通局(市電)	☎099-257-2116
巴士	
西鐵巴士(九州高速巴士預約)	☎092-734-2727
九州產交巴士	☎096-354-4845
宮崎交通	☎0985-32-1000
鹿兒島交通(鹿兒島)	☎099-258-0668
〃 　　　(指宿)	☎0993-22-2211
南國交通	☎099-255-2141
鹿兒島機場利木津巴士	☎099-247-2341
鹿兒島市交通局(市區巴士)	☎099-257-2117
飛機	
ANA(全日空)	☎0570-029-222
JAL(日本航空)	☎0570-025-071
JAC(日本空中通勤)	☎0570-025-071
SNA(亞洲天網航空)	☎0570-037-283
SKY(天馬航空)	☎0570-039-283
JJP(捷星)	☎0570-550-538
APJ(樂桃)	☎0570-200-489

※JR的價格為車資與特急費用(平常時,普通車指定席)合計金額,飛機則是平常時的單程費用加上機場稅的合計金額。

鹿兒島交通資訊

在市內有路面電車及路線巴士，往郊外有JR列車與巴士，善佳組合運用吧。

划算的交通票

鹿兒島周遊觀光巴士有推出可在1天內無限次搭乘市電、市巴士的「市電、市巴士、周遊觀光巴士1日乘車券」600日圓（附觀光設施等門票折價優惠）。在車內、各售票處及市內飯店等皆有銷售。

鹿兒島市電（路面電車）

鹿兒島市電就像市民的雙腳一樣，2系統的路面電車在鹿兒島站前、天文館、鹿島中央站等相接。搭乘1次為170日圓。在週六、日、假日時的路面電車還會有與導覽義工一同搭乘的「觀光電車」，進行沿線的觀光介紹。

鹿兒島市電
1系統
- 鹿兒島站前～谷山（途經騎射場）
- 需時40分
- 鹿兒島站前發車6時00分～22時40分
- 谷山發車　6時00分～22時00分

2系統
- 鹿兒島站前～郡元（途經鹿兒島中央站前）
- 需時30分
- 鹿兒島站前發車6時05分～22時30分
- 郡元發車　　6時00分～22時00分

觀光復古電車「KAGODEN」
週六、日、假日營運
- 鹿兒島中央站前發車
　10:00／11:10
- 鹿兒島中央站前 ～ 天文館通 → 鹿兒島站前（約休息10分）→ 天文館通 → 高見馬場 → 騎射場 → 郡元 → 鹿兒島中央站前
- 1小時10分 340日圓（可使用1日乘車券）

市內巡迴巴士

從鹿兒島中央站出發在市內巡迴的巴士有3條路線。

鹿兒島周遊觀光巴士（市內循環巴士）（鹿兒島市交通局）
乘車1次190日圓　1日乘車券600日圓
城山・磯庭線
- 從鹿兒島中央站前發車
- 所需時間約60分（每隔30～35分發車）●9時00分～17時20分

海豚碼頭線
- 鹿兒島中央站前發車
- 所需時間75分（每隔80分發車）●8時40分～16時30分

城市巡遊巴士（鹿兒島交通）
乘車1次170日圓　1日乘車券500日圓
「あっちゃん號」「せごどん號」
- 鹿兒島中央站前發車
- 所需時間60分（每隔20分發車）●8時55分～17時35分

定期觀光巴士

在鹿兒島因為觀光景點在市內及櫻島裡，意外地相當分散，所以搭乘定期觀光巴士也是很有效率的方法。巴士一整年皆有營運，有上、下午的半天行程、1天行程，可依自己的時間來作選擇。

●鹿兒島市內巡遊　鹿兒島市交通局 ☎099-257-2117

▶探訪鹿兒島歷史行程　2300日圓　3小時30分
鹿兒島中央站東口出發9:05・13:45 → 維新故鄉館 → 城山 → 南洲墓地 → 仙巖園（磯庭園）→ 櫻島棧橋 → 金生町文化區 → 天文館商店街 → 鹿兒島中央站12:35・17:15

▶櫻島自然風景路線　2300日圓　3小時40分
鹿兒島中央站東口出發8:55・13:40 → 櫻島棧橋～（櫻島渡輪）～ 櫻島港出發9:40・14:30 → 湯之平展望所 → 黑神埋沒鳥居 → 旅之里 → 有村熔岩展望所 → 櫻島港～（櫻島渡輪）～到達櫻島棧橋 → 金生町文化區 → 天文館商店街 → 鹿兒島中央站12:35・17:20

●鹿兒島市內・櫻島巡迴　JR九州巴士鹿兒島支店 ☎099-247-5244

▶市中心與櫻島環遊1周線路　4110日圓　6小時35分
鹿兒島中央站出發8:50 → 高見馬場出發 → 天文館出發 → 照國神社前出發 → 城山展望所 →
城山光飯店出發9:26 →

JR鹿兒島線

櫻島棧橋～(櫻島渡輪)～櫻島港 → 黑神埋沒鳥居 → 有村溶岩展望所 →
湯之平展望所 → 櫻島港～(櫻島渡輪)～櫻島棧橋 →
仙巖園(磯庭園)[自由午餐] → 維新故鄉館 → 鹿兒島中央站15:25

▶市中心與櫻島佳景速覽線路　2780日圓　3小時55分

鹿兒島中央站東口出發9:20・13:30 → 高見馬場出發 → 天文館出發 →
照國神社前出發 → 城山展望所 → 城山觀光酒店出發9:56・14:06 →
櫻島棧橋～(櫻島渡輪)～櫻島港 → 湯之平展望所 →
櫻島港～(櫻島渡輪)～櫻島棧橋 → 仙巖園(磯庭園) →
鹿兒島中央站13:15・17:25

從鹿兒島市區前往周邊的交通方式

鐵路、巴士、九州新幹線的起迄處都是鹿兒島中央站。搭乘鐵
路的話，人氣的觀光列車不需轉乘且可到達景點最近車站，一
定不能錯過。前往霧島、知覽方向的巴士班次也很充實。

▶往霧島溫泉
特急「隼人之風」
鹿兒島中央站→霧島溫泉站
1小時10分　2140日圓　1天2班
鹿兒島車央站發車9:26／
13:23

▶往指宿
特急「指宿之玉手箱」
鹿兒島中央站→指宿站
50分　2140日圓　1天3班
鹿兒島中央站出發
9:58／11:57／14:02

▶往知覽
鹿兒島交通　鹿兒島(金生町)→鹿兒島中央站→知覽
1小時20分　940日圓　1天11～12班

▶往櫻島
從鹿兒島港(櫻島渡輪碼頭)搭乘渡輪前往。
櫻島渡輪
15分　160日圓　每隔10～15分1班
※車輛運費1600日圓(含成人1名)

よりみちクルーズ

「よりみちクルーズ」是由櫻島渡輪所營運，從櫻島渡輪碼頭出
港，繞行灣內後前往櫻島。
這條路線可從海上眺望佇立著18m高的燈塔、漲潮時沉入海中
的神瀨，以及火山噴發後經過約100年的大正溶岩帶，所需時間
約50分，單程船資500日圓(含成人1名)。※車輛運費1940日圓(含成人1名)
鹿兒島港(櫻島渡輪碼頭)出發11:05(1天1班)。
依日期會使用不同的船舶，有時會使用Super Eco Ship櫻島丸
(櫻花天使)或第二櫻島丸(櫻花仙子)。

洽　詢	
渡輪・船	
種子屋久高速船(Toppy／Rocket)	099-226-0128
折田汽船(渡輪屋久島2)	☎ 099-226-0731
鹿兒島市船舶局(櫻島渡輪)	☎ 099-293-2525
Nankyu Ferry(山川港)	☎ 0993-34-0012

從鹿兒島搭船前往屋久島

前往屋久島除了搭乘飛機，還有Jetfoil(高速船)或渡輪供選
擇。船班會依季節而有時刻表的變動，或容易受天候影響，最
好事先確認船行狀況。而乘船處也要事先作好確認。

高速船(種子屋久高速船)Toppy／Rocket

高速船旅客碼頭	直達班次1小時50分　8400日圓　1天4～5班 ※也有經由指宿或種子島(西之表)的班次	屋久島(宮之浦)
高速船旅客碼頭	2小時30分　8400日圓　1天2班 ※經由種子島(西之表)	屋久島(安房)

渡輪(折田汽船)渡輪屋久島2

鹿兒島本港(南埠頭)	4小時　4900日圓　1天1班 8:30出發　　　　　　12:30抵達	屋久島(宮之浦)

＜前往高速船旅客碼頭(鹿兒島本港)的交通方法＞

鹿兒島機場　　　　　　　　　高速船旅客碼頭
搭乘機場利木津巴士約55分、車資1250日圓。

鹿兒島中央站　　　　　　　　高速船旅客碼頭
搭乘巴士「海豚號」約20分、車資160日圓。或搭乘計程車15分。

交通指南

自駕前往鹿兒島的方法

以九州自動車道為主軸，延伸東九州自動車道、南九州自動車道。善佳利用IBUSUKI SKYLINE及櫻島渡輪等付費道路及渡輪，讓自駕兜風更加舒適。

從大阪出發
中國吹田IC ──中國道──→ 神戶JCT ──山陽道──→ 山口JCT
──中國道・關門橋・九州道──→ 鹿兒島IC
距離871.6km 過路費17460日圓

從福岡出發
太宰府IC ──九州道──→ 鹿兒島IC
距離266.1km 過路費6000日圓

行程計畫要點 鹿兒島機場距離九州道溝邊鹿兒島機場IC很近，想自駕兜風的話可以在機場租車，以機場作為起點最方便。想巡遊霧島溫泉鄉、蝦野高原、霧島神宮的話自駕很方便，但因為山路多彎道，要小心駕駛。前往指宿、知覽方向，則推薦經由可眺望風景的IBUSUKI SKYLINE。

從鹿兒島出發的主要路線

▶往鹿兒島市區
溝邊鹿兒島機場IC ──九州道──→ 鹿兒島北IC
需時約25分 32km 過路費1070日圓

▶往霧島溫泉鄉
鹿兒島機場 ──國道504號・縣道56號・國道223號──→ 霧島溫泉鄉(丸尾)
需時約50分 22km

▶往指宿
溝邊鹿兒島機場IC ──九州道──→ 鹿兒島IC
IBUSUKI SKYLINE ──→ 穎娃IC ──→ 指宿溫泉
需時約2小時 103km 2020円

▶往知覽
溝邊鹿兒島機場IC ──九州道──→ 鹿兒島IC ──IBUSUKI SKYLINE──→ 知覽IC
需時約1小時10分 65km 1800日圓

・過路費為使用ETC的普通車時的金額，若支付現金金額會有不同。
・ETC車依星期及使用時間帶會有折扣。詳細請至NEXCO西日本的網站確認。

鹿兒島自駕地圖

130

租車

因為鹿兒島有很讓人想搭乘看看的交通工具，所以依照目的地來善佳活用租車吧。在交通不方便的大隈半島及薩摩半島西部，開車是最有效率的方法。縣內的道路有九州・東九州・南九州等自動車道，以及IBUSUKI SKYLINE等付費道路，先有一點概念就很好弄懂。

從大阪搭乘渡輪

從大阪南港前往志布志的渡輪，對自駕的旅行來說很方便。週日的出港時間會提早約1小時，要特別注意。

向日葵渡輪

大阪南港(Cosmo Ferry Terminal)～志布志渡輪碼頭
需時約14～16小時(夜間班次) 12800日圓 每日發船
車輛運費(4～6m)37600日圓
洽詢 預約中心 ☎0120-3268-56

划算的交通票

鐵路&租車(JR各社)

同時購買JR車票與租車票時，會提供JR車票的折扣(租車應事先於網路或電話預約)。條件為搭乘長201km以上的JR路線，且一開始使用的JR車站與租借車輛的車站必需距離101km以上。以同一行程的全員為對象，搭乘JR時車資8折，特急車資9折(新幹線的希望號、瑞穗號除外)。唯4/27～5/6、8/11～20、12/28～1/6的JR不提供折扣。

洽 詢	
道路・租車	
NEXCO西日本	☎ 0120-924-863
Eki Rent-a-car	☎ 0800-888-4892
TOYOTA Rent a Car	☎ 0800-7000-111
Nippon Rent-a-car	☎ 0800-500-0919
日産レンタカー	☎ 0120-00-4123
Orix Rent-a-car	☎ 0120-30-5543
Times Car RENTAL	☎ 0120-00-5656

➕ 交通的補充資訊

九州新幹線「燕子號」

九州新幹線博多站～鹿兒島中央站之間各站停車的列車。「燕子號」主要使用800系的車輛，車廂內是意識和風的裝潢，座位配為2+2列，空間較寬敞。特色在車身側面的橘色線條。

嘉例川站

雖然只是肥薩線上小小的車站，卻是鹿兒島縣內最古老的車站，也被指定為有形文化財，非常值得一訪。而由當地業者製造銷售的車站便當也受到好評，近年有很多自駕兜風的人順路前來購買。從鹿兒島機場的車程只需約5分。

大畑的環形迴車道

為了爬上肥薩線大畑站周邊的緩坡，而成建造成圓環形的軌道。而大畑站就位在圓環形的中途，在這附近從車窗所看到的景色，和北海道根室本線的狩勝峠、長野縣篠之井線的姨捨一同被合稱為「日本三大車窗」。

「伊三郎」、「新平」

連接熊本・人吉與吉松的肥薩線觀光列車。下行為「伊三郎」，上行為「新平」。名稱的由來是人吉～吉松路段開通時，當時交通部長與鐵道院總裁的名字。可以充份享受鄉間鐵路的風景。

特急「指宿之玉手箱」

列車正面的中央開始，靠海塗為白色、靠山側塗為黑色，是有著新形象的列車。名稱取自指宿的「浦島太郎傳說」。1天往返3班連接鹿兒島與指宿。從車窗看到鎮坐在錦江灣上的櫻島特別美麗。

觀光復古電車「KAGODEN」

仿造到昭和30年代為止的木製電車，「KAGODEN」以觀光復古電車名稱復活。從鹿兒島中央站出發，繞行1圈約70分。在車內還有市民義工提供觀光的導覽。

櫻島丸

連接鹿兒島港與櫻島港的渡輪。以船上發電機發電來進行驅動，是採用電動推進式的新造船舶。船內為無障礙空間，是日本國內最大的Super Eco Ship。而櫻島渡輪有名的「烏龍麵區」也仍健在。每天行駛「よりみちクルーズ」。

特急「隼人之風」

這條觀光列車的主題是「透過讓人印象深刻的漆黑車身，來感受美好舊時代的復古列車」，為連接鹿兒島中央站與肥薩線吉松站的特急列車。最大賣點是鹿兒島～重富之間路段的錦江灣上的櫻島風景，車上也有展望空間。在車內銷售當地啤酒和「黃金布丁」等甜點。

Nankyu Ferry

以約50分連接位在錦江灣入口的薩摩半島山川港與大隈半島根占港。被稱為「海上國道」的「Nankyu Ferry」，是總重量153噸、外型可愛的汽車渡輪。晴朗時從展望席還可以看到櫻島、開聞岳、佐多岬、屋久島、種子島等。1天有4航班，單程為700日圓。

旅遊鹿兒島前的相關小知識

天氣？風俗民情？有怎樣的活動？
事先預習一下，讓旅行更加有趣。

電影・連續劇的外景地

從史恩・康納萊的《007》到《男人真命苦的》寅次郎、哥斯拉等，類型多樣。大量地活用了自然景觀。

我正為你去死

被特攻隊員當成母親愛戴的鳥濱トメ，以她的視角來描寫特攻隊員的作品。在富屋旅館別館門前Gallery（☞P106）附近立有記念碑。

鹿兒島的方言

在第二次世界大戰時，難解的鹿兒島甚至被用來作為暗號使用。你能看懂幾個呢？

よかにせ・よかおごじょ／美男・美女
つけあげ／薩摩炸魚餅
からいも／甘薯
さしん／生切片
だれやめ／晚酌
うんまか／好吃
わっぜ／非常
もぜ／可愛
ぎばる／加油
へ／櫻島火山灰・蒼蠅
いっだましい／幹勁
げんね／害羞
すんくじら／角落
そがらし／很多
はんとける／絆倒

祭典・活動

充滿南國開朗氣氛的活動非常吸睛。「小原良祭」因為臨時參加也OK，一起來跳舞吧。

農曆1月18日後第一個週日　初午祭

鹿兒島神宮所舉行的祭典，在馬的脖子上掛上大量鈴鐺，配合著神樂伴奏踩著步伐。

霧島市觀光課　☎0995-45-5111（代表號）

7月15・16日　照國神社的六月燈

鹿兒島的夏季風情・六月燈。在縣內規模最大的照國神社中，會點亮約1000個燈籠。

照國神社
DATA☞P44

9月22日　川內大拔河

由3500名年輕人互相拉引著長365m、重5t的巨大繩索，是極具魄力的傳統活動。

大拔河保存會
☎0996-21-1851

11月2・3日　小原良祭

在1.5kmd天文館通上伴隨「小原良調」、「繁榮調」等旋律邊跳邊走，是南九州的代表性祭典。

鹿兒島市綜合服務處コールセンター　サンサンコールかごしま
☎099-808-3333

鹿兒島品牌

鹿兒島縣推動著安心、安全、優良品質、穩定供給的產地製造。在2016年5月底已有19品項、25產地被指定為「鹿兒島品牌產地」。購買時就認右下的符號。

鹿兒島黑牛

日本第一的和牛產地。每一頭牛都細心飼育，特色是細緻美麗的霜降紋路才有的溫和濃郁及旨味。

鹿兒島黑豬

在鹿兒島豐郁的大自然中自由成長，其肉質在縣內外皆有著「軟嫩易咬，具旨味」的好評。

甘薯（潁娃・知覽）

說到鹿兒就是這個了吧。甘甜且鬆軟的口味很有人氣。

蠶豆（指宿・出水）

產量是日本第一，在日本有壓倒性的市佔率，是「豆王國・鹿兒島」的代表品項。

鹿兒島芒果

套上網子讓果實在樹上成熟後自然落下，再細心地採收。最自豪的是它的芳醇香氣和入口即化的甘甜口味。

溫室金桔（川薩・南薩摩）

果皮很甜，可以整顆食用，因此能夠吸收到完整的營養份。

霧島七大不可思議傳說是？

存在於天孫降臨之地，霧島的七大不可思議傳說。突然吹起的風、突然的滿水、乾枯的河川等，有好多不可思議的狀況。

①龜石

位在舊參道上的大岩石，據說是以前來此參拜的烏龜。這麼一說的確是像烏龜的形狀。

②風穴

據說從以前舊參道上的樹根部的岩內會吹出微風，現在在霧島的山中也會發生同樣的現象。

③兩度川

從6月左右水量開始增加，水流動約10天後乾枯，幾天後水再次流出，在9月左右則完全乾枯。在同一個時期固定會流動兩次，而被取為這個名字。

④沒播種的種子

據說在霧島山中在未插種的地方會生長出陸稻。傳說是天孫降臨時從高天原帶來的種子自然成長而來的。

⑤御手洗川

這條不可思議的河川在每年5月時會突然湧出大量的河水，在約11月時則乾枯。

⑥半夜的神樂

傳說霧島神宮在遷宮到現在的位置時曾響起神樂。至今說在社殿後方，在深夜也會聽得像是神樂的聲音。

⑦文字岩

以人的力量無法移動的巨大岩石的正中間有著裂痕，從裂痕往內窺視可以看到像是梵文一樣的雕刻。

櫻島的原來如此！

櫻島是鹿兒島的重要景點，想知道噴發狀況時，記得確認櫻島遊客中心（→P56）的網頁。

噴發口有2個

會噴發濃噴煙的是南岳東側空出一個大洞的昭和火口。南岳在2017年3月也曾經爆發，現在仍持續活動中。

氣象預報還有風向預報

在鹿兒島除了氣象預報之外，還會提供「櫻島上空風向」的預報。這是當櫻島噴煙時，知道火山灰會往哪個方向落下的重要資訊。

爆發與噴煙的差異是？

櫻島的情況是當噴出1000m以上的火山煙時就稱為「噴煙」，而伴隨著火山性地震及噴發飛石等的噴煙就稱為「爆發」。在2016年有153次噴煙，其中47次為爆發。

發配給市民的黃色袋子是？

櫻在黃底的袋子上寫著「克灰袋」的黑字。將庭院等處的火山積灰裝在這個袋子裡，放在指定場所就會有垃圾車進行回收。在鹿兒島市幾乎全部家庭都會配給。

便利商店的顏色不一樣!?

在櫻島港附近的全家、LAWSON不是熟悉的顏色，而是以茶色為基底的外觀。這是為了不損櫻島的景觀而作的考量。甚至還有特地拍攝記念照的觀光客。

服裝建議

春（3～5月）

即使一整天都很暖和，有時到晚上還是會變冷，因此最好帶件小外套。

夏（6～8月）

在鹿兒島市區不時會接受到降灰的洗禮。多帶一套替換的衣物吧。

秋（9～10月）

雖是初秋，但有「在鹿兒島沒有冬天」的說法。到10月左右都能穿著夏天的服裝。

冬（11～2月）

大約過了11月後半氣溫就會開始下降，有時還會降雪。

說到鹿兒島的白蘿蔔可能大多會先想到櫻島白蘿蔔，但在當地的超市幾乎見不到蹤跡。食用的話大多都是經加工的醃漬物。

A B C

↑往市來串木野
往薩摩
吉田IC
鹿兒島北IC

③

●総合保健センター

玉里中央公園

↑往薩摩吉田IC

鹿兒島市

1

下伊敷

鹿兒島県立短大

坂元台小

鹿兒島商高

玉江小

玉里公園

鹿兒島女子高

玉里団地入口

發照寺

島津家墓地

鹿兒島大附
特別支援学校

旧島津氏玉里邸庭園

鹿兒島玉龍高

伊敷中

鹿兒島神社

護国神社

上電尾

玉江橋西口

護国神社前

鹿兒島工高

城山団地中央

城山トンネル北口

P.21 南洲公園

南洲公園入口

大龍

2

護国神社入口

鹿兒島鑾学校

天然溫泉
湯乃山
P.82

P.82 滑川溫泉

鹿兒島站

上本町

鹿兒島修学館高

中草牟田

草牟田小

P.82 城山長壽泉

前電

鹿兒島アリーナ

アリーナ前

夏蔭公園

P136-137

鹿兒
櫻島棧橋通電車站

草牟田橋東口

P.45 西郷洞窟

薩摩富士守碑前

水族館口電車站

西郷洞窟前

岩崎隧道
城山隧道

鶴丸城遺跡

城山入口

⑩

原良小

城山公園

城山

城山觀光飯店

市政府前電車站

櫻島渡輪碼頭

かごしま
水族館

3

城西中

火
西署

新照院

市立美術館

陽山美術館

鹿兒島市役所

三島
村役場

城西公園前

鹿兒島高

照國神社

朝日通電車站

⑤⑥

鹿兒島三育小

照國神社前

225

十島村役場

石燈籠通電車站

西田小

ザビエル教会新聖堂

平田橋

③

天文館通電車站

種子・屋久高速船
旅客碼頭

鶴丸高

西田本通り

高見馬場電車站

高見馬場電車站

東本願寺鹿兒島別院

日枝神社

加治屋町電車站

天文館公園

樟南高

武隧道（下行專用）
新武隧道（上行專用）

帶館隧道

市電（2系統）

鹿兒島中央高

甲東中學校前
電車站

松原小

往川
內站

九州新幹線

AMU PLAZA

ナポリ通り

甲東中

4

往鹿兒島IC

長島美術館
P.28

鹿兒島中央站

鹿兒島
中央站前電車站

鹿兒島
中央署

新屋敷電車站

丁子屋
P.69

錦江通り

武中

建部IC

郷電車站

鹿兒島女子短大

往指宿・山川
往廣木站

中洲通電車站

武之橋北口

城南線

甲突川左岸綠地

城南電車站

往二中通電車站↓

武之橋電車站

往南鹿兒島↓

鹿兒島市區
0　　　　　500m N
步行7分

往薩摩吉田IC
往姶良站
10
日向街道(高岡防)
JR日豐本線
名勝 仙巌園 P.48
P.51 尚古集成館
P.53 Kitchen Café
小春日和
仙巌園
(磯庭園)前
仙巌園前
滝の神
異人館前
異人館前
薩摩玻璃工藝 P.78
島津薩摩切子藝廊商店 磯工藝館 P.51・78
舊鹿兒島紡織所技師館(異人館) P.50
磯海水浴場
桐原家
両棒餅店 P.53
磯天神
菅原神社
中川両棒餅家 P.53
ちゃんぽ餅平田屋 P.53
キイレツチトリモチ産地
清水町
Manor House 島津重富荘
French Restaurant Automne P.52
多賀山公園
P.53
café 潮音館
P.53
祇園之洲公園前
石橋記念公園 P.53,59
Sunny Bakery P.53
石橋記念館 P.53
石橋
記念公園前
祇園之洲公園
祇園之洲大橋
鹿兒島灣
(錦江灣)

焼肉なべしま 鹿駅 BAYSIDE店 P.53

櫻島渡輪
IO WORLD
鹿兒島水族館 P.42
鹿兒島港
埠頭旅客碼頭
鹿兒島本港
奄美海運(往奄界島・奄美・沖永良部)
埠頭頭
旅客碼頭
三島村營(竹島・硫黄島・黒島)
商海運(往種子島・屋久島)
折田汽船(往屋久島)
十島村營(往吐噶喇群島・
奄美大島)
種子屋久高速船(往指宿・種子島・屋久島)

鹿兒島新港
奄美・沖繩
渡輪碼頭
MARIXLINE:
A Line Ferry (往奄美・沖繩)

方崎
方崎
小池
往櫻島白濱溫泉中心

桜島自然恐竜公園
櫻島港 櫻島港渡輪碼頭
櫻島港
桜島
レストハウス P.57
レインボービーチ
桜島マグマ温泉
旬彩館前
月讀神社 P.58
P.56「櫻島」溶岩海濱公園足湯
P.56 櫻島旅客中心
ビジター・センター
桜島溶岩グラウンド
レインボー桜島
腰腰
公路休息站 P.58・75
「桜島」火の島めぐみ館
櫻島
国民宿舎レインボー桜島
桜島総合
体育館

P.56 溶岩海濱遊步道

鹿兒島市
P.57 烏島展望所
烏島展望所
224
大正溶岩

往赤水・古里溫泉

D E F

鹿兒島中央站～天文館

0　　　　200m
歩行約3分

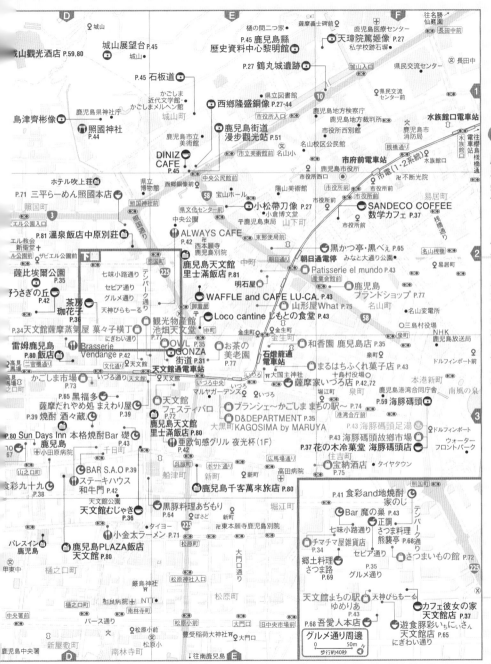

D E F

1

城山
薩摩義士碑前
樋の間二つ家
鹿児島医療センター
長田中前
城山観光酒店 P.59,80
城山展望台 P.45
歴史資料中心黎明館
P.45 鹿兒島縣
天璋院篤姫像 P.27
私学校跡石碑
長田中
城山
鶴丸城遺跡 P.27
城山入口
県民交流センター
石板道 P.45
かごしま
近代文学館・
かごしまメルヘン館
県立図書館
10
鹿児島地方検察庁
鹿児島市
消防局
水族館口電車站
西郷隆盛銅像 P.27・44
鹿児島県神社前
市役所入口
鹿児島地方裁判所
市役所西別館
水族館口電車站
往櫻島棧橋
島津斉彬像
鹿児島街道
漫歩観光站 P.51
市役所西別館
火
鹿児島市
消防局
水族館口
照國神社 P.44
鹿児島市立
美術館
城山通り
名山校区公民館
市電(1・2系統)
不断光院
ホテル吹上荘
DINIZ CAFE P.45
市立美術館前
名山小
市府前電車站
名山棧橋
県立博物館
西郷銅像前
中央公民館前
鹿児島市役所
市役所西口
市府前電車站
易居町
三平らーめん照國本店 P.71
照國神社前
中央公民館前
鳳山美術館
役所前
市役所前
SANDECO COFFEE
数学カフェ P.37
名山棧橋
3
照國町
58
宝山ホール
市役所前
市役所前
桟橋通り
エル公園入口
県文化センター前
小松帯刀像 P.27
黒かつ亭・黒べえ P.65
山下町
名山町
エル教会
新聖堂
ザビエル公園前
温泉飯店中原別荘 P.81
照國神社前
照国通り
中央公園
小倉博文堂
鹿児島東照
山下町
東郷元帥前
ALWAYS CAFE P.42
西本願寺
鹿児島別院
朝日通電停
朝日通り
Patisserie el mundo P.43
産業会館前
名山変電所
薩比埃爾公園 P.35
うさぎの丘 P.42
七味小路通り
セピア通り
グルメ通り
225
鹿児島天文館
里士滿飯店 P.73
明石屋
鹿児島
ブランドショップ P.77
NHK
鹿児島放送局
茶房
珈花子 P.36
天神ぴらもーる
WAFFLE and CAFE LU-CA. P.43
山形屋What P.75
名山町
58
P.34 天文館薩摩蒸氣屋
菓々子横丁
観光物産館
池畑天文堂 P.77
Loco cantine いもとの食堂 P.43
金生町
三島村役場
雷姆鹿兒島 P.80 飯店
にぎわい通り
OWL P.35
GONZA
街道 P.31
お茶の
美老園
金生町
和香園 鹿児島店 P.35
泉町
ドルフィンポート前
三官橋通り
文化通り
Brasserie
Vendange P.42
天文館
天文館通電車站
石燈籠通
電車站
大国主神社
薩摩家いづろ店 P.42,72
本港新町
南風の泉
高見
馬場通り
かごしま市場 P.73
いづろ通り
天文館
いづろ中央
薩摩だいやめ処 まえわり屋 P.39
黒福多
マルヤガーデンズ
いづろ
丁鼻村役場
堀江町
鹿児島港湾合同庁舎
3
薩摩家いづろ店
港湾合同庁
海豚碼頭 P.59
P.80 Sun Days Inn 鹿兒島
焼酎 酒々蔵
天文館
フェスティバロ
ブランシェ〜かごしま まちの駅〜 P.74
海豚碼頭足湯 P.43
ドルフィンポート
ウォーター
フロントパーク
10
67
小田病院
本格焼酎Bar 礎 P.43
鹿児島天文館
里士滿飯店 P.80
D&DEPARTMENT P.35
KAGOSIMA by MARUYA
海豚碼頭故郷市場 P.43
山之口町
BAR S.A.O P.39
亜欧旬感グリル 夜光杯(1F)
花の木冷菓堂 P.37 海豚碼頭店
食彩九十九 P.38
ステーキハウス
和牛門 P.42
呉服町
船津町
新町
高田病院
住吉町
宝納酒店
P.75
タイヤタウン
照國町
鹿兒島千客萬來旅店 P.80
堀江町
食彩and地燒酎
家のじ P.41
天文館むじゃき P.36
黒豚料理あぢもり P.64
ほそど
新町
Bar 魔の巣 P.43
テンパーク通り
パレスイン
鹿児島
甲東中
225
東本願寺鹿児島別院
松原町
正調
さつま料理
熊襲亭 P.68
七味小路通り
チマチマ屋雑貨店 P.34
さつまいもの館 P.72
鹿兒島PLAZA飯店
天文館 P.80
小金太ラーメン P.71
松原町
セピア通り
郷土料理
さつま路 P.69
グルメ通り
厳島神社
粗良病院前
NTT
南林寺町
松原神社入口
大門口
通り
天文館まちの駅
ゆめりあ P.43
大神ぴらもーる
カフェ彼女の家
天文館店 P.37
樋之口町
バース通り
松原町
吾愛人本店 P.68
遊食豚彩いちにぃさん
天文館店 P.65
にぎわい通り
中央駅前
新屋敷町
松原小
松原神社入口
豊受稲荷大神社前
大門口
グルメ通り周邊
0 50m
歩行約40秒
鹿児島中央駅
D ↓往南鹿児島 E
X

指宿與其周邊

0　2km

鹿児島MAP ●霧島／指宿・知覽

139

矢筈崎

せんろく鼻

矢筈岳

一湊港

大浦　一湊　一湊口

カフェkiina P.121

志戸子ガジュマル園

一湊小　志戸子　泊川　振腰橋

78

塚崎

吉田　　湊川　　深川　　宮之浦港渡輪碼頭

宮之浦港

Mam's Kitchen
Cookie Studio
P.123

屋久島高

宮之

77

四瀬ノ鼻

四ツ瀬

一湊岳

�折岳

牛床公園

楠川

往口永良部島

中野口

田舎浜

志戸子岳

琴川

594

楠川温泉

海亀產卵地
永田浜

永田

横川渓谷

吉田岳

鹿兒島縣

森の展望台

雲の展望台

白谷雲水峡

77

屋久島燈塔

坪切岳

耳崩

羽神岳

P.118 白谷雲水峡

白谷雲水峡

永田岬

障子岳

屋久島町

ヨウジガ高岳

楠川前岳

半山断崖

カンカケ岳

高塚山

愛子岳

縄文杉
P.116

78

小高塚岳

国割岳

中島權現

永田岳
1886

屋久島

屋久島國立公園

荒川登山口

アトンジ小

瀬切川

宮之浦岳
1936

P.116 荒川登山口

荒川水壩

大川

中島の頭

安房岳

P.122 Yakusugi Land

石塚山

592

西部林道

小楊子川

黑味岳

太忠岳

尾立岳

前砂

高盤岳

屋久杉ランド

P.122 大川瀑布

大川の滝

太鼓岳

ノンキ岳

鯛ノ川

モイヨ

小揚子ケ峰

千尋瀑布

栗生橋

ジンネム高盤岳

P.122

高平岳

高

サンゴの浜
海水浴場
カマゼノ鼻

栗生

黑味岳

P.122 梢回廊キャノッピ

トイモ岳

ホト川

栗生入口

栗生小前

後岳

烏帽子岳

雪岳

P.122

ホ

中間川

七五岳

鈴岳

割石岳

耳岳

ボタニカル
パーク

中間海水浴場

屋久島水果園 P.122

破沙岳

本富岳

モッチョム

神山

平瀬ノ鼻

P.124 屋久島 海の胡汀路 てぃーだ

尾之間温泉入口

中野

神川

養生

黑崎

湯泊温泉

尾
之
間
温
泉

小
瀬
田

鱗川

塩崎

HONU

城下旭

湯泊西

湯泊

泥湯川

尾之間町

岳南中

八幡小

上ノ牧

岳南駅

小瀬田

屋久島
ホテル

尾之間

Cafeどうぶち P.121

P.123 平內海中温泉

西翁岳

八重小前

八女崎

浦崎

二叉川

尾崎町役場支所

谷崎鼻

屋久島おおぞら島

屋久島おおぞら島

屋久島JR酒店 P.125

P.125 屋久島岩崎飯店

屋久島JR酒店 P.125

為歩行路線

屋久島

0　　　　3km　N

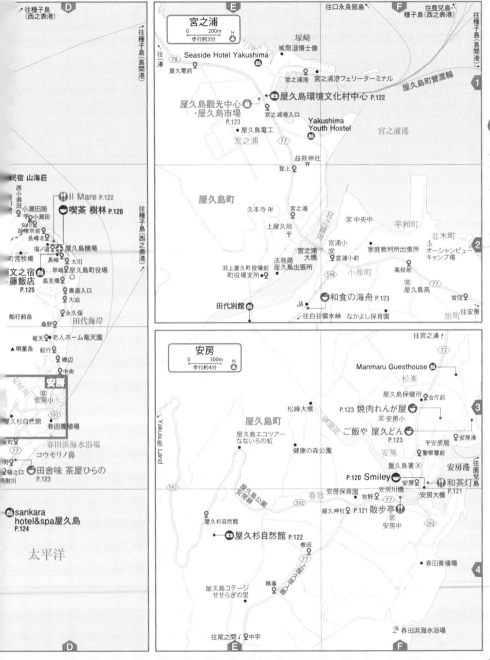

宮之浦

0　　200m
歩行約3分　N

往種子島
（西之表港）

往種子島
（島間港）

往口永良部島

往鹿兒島
種子島（西之表港）

往種子島
（島間港）

往種子島
（西之表港）

塚崎

威爾遜博士像

Seaside Hotel Yakushima

屋久島電前

宮之浦港　宮之浦港フェリーターミナル

屋久島町営渡輪

屋久島環境文化村中心 P.122

屋久島観光中心
・屋久島市場
P.123

宮之浦港入口

Yakushima
Youth Hostel

宮之浦港

屋久島電工

宮之浦

(77)

益救神社

登上

屋久島町

久本寺

宮之浦

(×) 中央中

平和町

並木町

オーシャンビュー
キャンプ場

宮浦小

宮浦小前

家庭裁判所出張所

文之宿
藤飯店
P.125

II Mare P.122

喫茶 樹林 P.120

西小瀬田
小瀬田局
小瀬田
女川
診療所前
長峰北
塩ノ道
長峰

屋久島機場

町営牧場

大川

早崎　屋久島町役場
高見橋　屋久島町役場

宮之浦
大橋

法務局
屋久島出張所

旧上屋久町役場前
町役場支所

上屋久局

高校前

屋久島高

小原町

営団

往安房

旭町

田代別館

JA

和食の海舟 P.123

農道入口
大迫

永久保
桑野

田代海岸

往白谷雲水峡　なかよし保育園

船行前岳

竜天　老人ホーム竜天園

明星岳　船行

磯辺

中央

安房

0　　300m
歩行約4分　N

往宮之浦

(77)

Manmaru Guesthouse

松峯

安房
安房小

屋久杉自然館　春田養殖場

屋久島保健所　合庁前

焼肉れんが屋 P.123

安房小

安房港

松峰大橋

屋久島町

屋久島エコツアー
なないろの虹

ご飯や 屋久どん P.123

安房局

健康の森公園

屋久島署

安房

春田浜海水浴場

コウモリノ鼻

田舎味 茶屋ひらの P.123

(77)

安房港

Smiley P.120

和茶灯島 P.121

安房

安房大橋

警察署前

安房港

sankara
hotel&spa屋久島
P.124

(592)

春牧

安房保育園

牧野

安房川橋

盛久神社 P.121 散歩亭

安房中

太平洋

屋久杉自然館

屋久島自然館 P.122

春田

屋久島コテージ
せせらぎの里

横峯

春田養殖場

往尾之間

中宇

春田浜海水浴場

鹿兒島市區

外文字母

ALWAYS CAFE 42
AMU PLAZA鹿兒島 25
BAR S. A. O. 39
Bar 魔の巣 43
Brasserie Vendange 42
Café & Trattoria Arbor 29
Café Anne 29
Cafe Bar T&T 26
café 潮音館 53
Cantine Nagano 26
CHÁHO SHIMODOZONO 24
coffee house空のふもと...37・93
D&DEPARTMENT KAGOSHIMA by MARUYA 35
daisyworld 26
DINIZ CAFE 45
IO WORLD鹿兒島水族館 20・42
Loco cantine じもとの食堂 43
Manor House 島津重富荘French Restaurant Automne 52
OWL 35
Patisserie el mundo 43
Patisserie Yanagimura鹿兒島中央站店 73
SANDECO COFFEE 数学カフェ 37
Sun Days Inn鹿兒島 80
Sunny Bakery 53
Taisei酒店 別館 81
TOKYU HANDS鹿兒島店 25
WAFFLE and CAFE LU-CA..43
Zino ....65・67

日文假名

えきマチ1丁目 鹿兒島 25
お茶の美老園 77
かごしま市場 73
かごしま黒豚専門店 六白亭 64
カフェ彼女の家 天文館店 37
かるかん元祖 明石屋中央店 29
かるかん本舗 薩摩蒸氣屋中央站前店 26
カレー屋 匠 鹿兒島中央店 28
キッチンカフェ小春日和 53
くいもん家 しげぞう 26
さつまいもの館 72
ざぼんラーメンAMU PLAZA店.70
ステーキハウス 和牛門 42
チマチマ屋雑貨店 34
ちゃんぽん餅平田屋 53
ちりめん・しらす専門店 凪 29
とんかつ 川久 28
ブランシェ～かごしま まちの駅～..74
まるはちぶくれ菓子店 43
もなかや ばあちゃん家 74

一割～四割

一条通 さけ咲 67
丁子屋 69
三平らーめん照國本店 71
小金太ラーメン 71
山形屋What 75
山福製菓 73
中川両棒餅家 53
公路休息站「桜島」火の島めぐみ館 ....58・75
天文館フェスティバロ 72
天文館まちの駅 ゆめりあ 43
天文館むじゃき 36
天文館薩摩蒸氣屋 菓々子横丁 ..34
天然温泉湯乃山 82
日本料理 愛 69
月讀神社 58

五割～八割

本格焼酎Bar 礎 43
正調さつま料理 熊襲亭 68
白露酒造 41
石橋記念公園 ....21・53・59
名勝 仙巖園 ....21・48
地鶏の鶏膳 67
有村溶岩展望所 59
竹迫温泉 82
西郷洞窟 ....21・45
西郷隆盛・従道誕生地 31
西郷隆盛銅像 ....20・44
亜欧旬感グリル 夜光杯 42
吾愛人本店 68
寿庵 中央站バスチカ店 24
赤水展望廣場 58
味が奏でる薩摩イタリアンMarco Polo 28
和菓子からいも本店 72
和香園 鹿兒島店 35
奄美之里 61
宝納酒店 75
尚古集成館 51
花の木冷菓堂 海豚碼頭店 37
長島美術館 28

九割、十割

南洲公園 21
南洲館飯店公寓 81
城山長壽莊 82
城山展望台 ....21・45
城山観光酒店 ....59・80
食亭 九十九 38
食彩and地焼酎 家のじ 41
島津薩摩切子藝廊商店 磯工藝館 51
桐原家両棒餅店 53
海豚碼頭 59
海豚碼頭足湯 43
海豚碼頭故鄉市場 43
烏島展望所 57

茶房 珈花子

茶房 珈花子 36
酒菜工房 いち膳 28
郷土料理・黒豚しゃぶ鍋・ぞうすい 八幡 28
郷土料理さつま路 69

十一割、十二割

野うさぎの丘 43
野天風呂 薩摩いろはの湯 82
鳥門米門うまいもん。 29
鹿兒島ブランドショップ 77
鹿兒島ラーメン 豚とろ 天文館本店 70
鹿兒島索拉瑞亞西鐵酒店 81
鹿兒島黒毛和牛 中山黒牛 中山亭 58
鹿兒島黒豚とんかつ・しゃぶしゃぶ大山 25
鹿兒島銘品蔵 74
鹿兒島Gasthof飯店 81
鹿兒島JR九州酒店 80
鹿兒島千客萬來旅社 80
鹿兒島中央車站大樓 24
鹿兒島天文館里士滿飯店 80
鹿兒島市平川動物公園 60
鹿兒島市立故鄉考古歷史館 61
鹿兒島市維新故鄉館 20・30
鹿兒島阿比克酒店 81
鹿兒島故鄉屋台村 26
鹿兒島索拉瑞亞西鐵酒店 81
鹿兒島絲綢旅館 81
鹿兒島街道漫步觀光站 45
鹿兒島縣歷史資料中心黎明館 45
黒まぐろ専門店 黒・紋 82
南洲公園 29
黒豚料理 あぢもり 64
黒福多 65
喜鶴寿司 鹿兒島中央站店 24
湯之平展望所 58
無双蔵 41
華蓮 鹿兒島店 42
黒神埋没鳥居 59

十三割以上

温泉飯店 中原別莊 81
滑川温泉 82
照國神社 44
遊食豚彩いちにいさん天文館店 ..65
雷姆鹿兒島飯店 80
漁業直営店 魚庄 29
製麺ダイニング jango 71
摩天輪AMURAN 25
歷史大道「維新故鄉之路」 27
錦江湾公園 61
鮮極 GAORYU 高柳 38
ま舊鹿兒島紡織所技師館（異人館） 50
薩摩 黒豚百寛 28
薩摩だれやめ処 まえわり屋 ..39

🍴 薩摩パール 南洲庵......................26
🕐 薩摩バルSoleil 29
🍴 薩摩地鶏 とりはな........................66
🍴 薩摩玻璃工藝................................78
🍴 薩摩家 いづろ店 ....42・74
📷 薩摩郷中蔵/GALLERIA HOMBO
....41
🍴 薩摩黒豚とんかつ専門店 黒かつ亭
....65
🍴 薩摩塩おでん 金久....................25
🍴 薩摩煎餅 やまとや・JR鹿児島中央
店店 25
🍴 霧島温泉..................................82
📷 「櫻島」溶岩海濱公園足湯..........56
🏨 櫻島海濱酒店...........................59
📷 櫻島遊客中心...........................56
🏨 観光物産館 池畑天文堂 77
🍴 焼肉なべしま 鹿駅 BAYSIDE店
....53
🕐 焼酎 酒々蔵・・...........................39
🕐 焼酎庵 武三..............................29

霧島

日文假名
🍴 ウインドの森 93
🕐 さくらさくら温泉.........................93
🍵 ノーブル霧島珈琲館...................93

一劃〜九劃
📷 丸尾瀑布 92
📷 犬飼瀑布 87
📷 生駒高原 ....85・88
🏨 吉松駅前温泉...........................95
🍴 池田湖Paradise.....................105
🕐 坂元醸造 坂元のくろず・「壺畑」情報
館&レストラン............................96
🏨 忘れの里 雅叙苑......................91
🏨 霧足湯の駅えびの高原.............89
🏨 足湯霧島..................................87

十劃〜十二劃
🍴 展望レストラン ほっと霧島館........92
🍴 産直レストラン 黒豚の館...........93
🍴 硫磺谷温泉 霧島酒店 93
📷 鹿兒島縣 霧島藝術之森...........92
🕐 黒酢レストラン・黒酢の郷 桷志田
....96
🍵 喫茶 浪漫..................................93

十五劃以上
📷 蝦野自然生態博物館................89
📷 蝦野高原 ....85・88
📷 霧島天狗館.............................92
📷 霧島民藝村.............................92
📷 霧島町蒸餾所.........................92
🏯 霧島神宮 ....85・86
📷 霧島神話之里公園...................92
🎵 妙見石原荘............................92

🍴 霧島温泉市場............................93
📷 鹽浸温泉龍馬公園.....................87

指宿

外文字母
🏨 Healthy Land露天温泉
玉手箱温泉 105

日文假名
🏨 いぶすき秀水園.......................111
🍵 さつま味 101
🍴 ホタル館富屋食堂 107

一劃〜八劃
🏨 山川砂蒸温泉 砂湯里 100
🏨 休暇村指宿 101
📷 池田湖..............................99・104
📷 知覽武家屋敷庭園........106・108
📷 知覽人形博物館......................107
📷 知覽特攻和平會館...................107
🏯 花の温泉ホテル 吟松 112
🏯 長崎鼻&龍宮神社...................105
🏨 休暇村指宿 101

九劃、十劃
🏨 指宿鳳凰飯店 112
🏨 薩指宿こころの宿 112
🏨 指宿市營唐船峽流水細麺........104
🏨 指宿白水館............................110
🏨 指宿皇家飯店 112
🏨 指宿海灣山Spa飯店...............112
🏨 指宿温泉こらんの湯錦江楼 112
🏯 旅館月見荘.............................112
📷 釜蓋神社(射楯兵主神社)........104
🏯 高城庵 108

十一劃以上
📷 鹿兒島花卉公園.......................105
🍵 黒豚と郷土料理 青葉 101
🍴 富屋旅館別館門前Gallery 107
🏨 温泉水プールガーデン&離れ
吟松別邸 悠離庵......................111
📷 開聞岳 ....98・104
📷 薩摩英國館TEA WORLD 106

屋久島

外文字母
🍵 Cafeどうぶち 121
📷 HONU......................................123
📷 Il Mare 122
🏨 Mam's KitchenCookie
Studio......................................123
🏨 sankara hotel&spa 屋久島
....124
🍵 Smiley...................................120
📷 Yakusugi Land 122

一劃〜三劃
🍵 カフェ kiina 121
🍵 ご飯や 屋久どん......................123

三劃〜八劃
📷 千尋瀑布 122
📷 大川瀑布 122
📷 平内海中温泉.........................123
📷 田舍味 茶屋ひらの..................123
📷 白谷雲水峽............................118
📷 尾之間温泉............................123
🍴 和食の海舟............................123
🍵 和茶灯 121

九劃
📷 屋久杉自然館.........................122
🏨 屋久島 海の胡汀路 てぃーだ ...124
🏨 屋久島JR酒店.........................125
🏨 屋久島水果園.........................122
🏨 屋久島岩崎飯店......................125
🏨 屋久島環境文化村中心............122
🏨 屋久島観光中心・屋久島市場 ...123

十一劃以上
🎵 梢回廊キャノッピ 122
🍵 喫茶 樹林................................120
🍴 散歩亭 121
🏨 縄文之宿蔓藤飯店...................125
📷 縄文杉...................................116
🍴 焼肉れんが屋.........................123

叩叩日本
cocomiru ココミル

鹿兒島
霧島 指宿 屋久島

【 叩叩日本系列 13 】
鹿兒島 霧島 指宿 屋久島

作者 / JTB Publishing,Inc.
翻譯 / 張嫚真
校對 / 汪欣慈
編輯 / 林德偉
發行人 / 周元白
出版者 / 人人出版股份有限公司
電話 / （02）2918-3366（代表號）
傳真 / （02）2914-0000
網址 / http://www.jjp.com.tw
地址 / 23145 新北市新店區寶橋路235巷6弄6號7樓
郵政劃撥帳號 / 16402311 人人出版股份有限公司
製版印刷 / 長城製版印刷股份有限公司
電話 / （02）2918-3366（代表號）
經銷商 / 聯合發行股份有限公司
電話 / （02）2917-8022
第一版第一刷 / 2018年7月
定價 / 新台幣320元

日本版原書名 / ココミル
日本版發行人 / 宇野尊夫

Cocomiru Series
Title: KAGOSHIMA・KIRISHIMA・IBUSUKI・YAKUSHIMA
©2017 JTB Publishing,Inc.
All Rights Reserved.
First published in Japan in 2017 by JTB Publishing,Inc.Tokyo
Chinese translation rights arranged with JTB Publishing,Inc.
through CREEK & RIVER Co., Ltd. Tokyo
Chinese translation copyright ©2018 by Jen Jen Publishing Co., Ltd.

國家圖書館出版品預行編目 (CIP) 資料

鹿兒島 霧島 指宿 屋久島 / JTB Publishing,
Inc.作 ; 張嫚真翻譯. -- 第一版.
-- 新北市 : 人人, 2018.07
面; 公分. -- (叩叩日本系列 ; 13)
譯自 : ココミル鹿児島 霧島 指宿 屋久島
ISBN 978-986-461-144-7 (平裝)
1.旅遊 2.日本鹿兒島縣

783.7879   107007363

CC

本書中的各項費用，原則上都是取材時確認過，包含消費稅在內的金額。但是，各種費用還是有可能變動，使用本書時請多加注意。

◎本書中的內容為2017年4月底的資訊。發行後在費用、營業時間、公休日、菜單等營業內容上可能有所變動，或是因臨時歇業等而有無法利用的狀況。此外，包含各種資訊在內的刊載內容，雖然已極力追求資訊的正確性，但仍建議在出發前以電話等方式做確認、預約。此外，因本書刊載內容而造成的損害賠償責任等，弊公司無法提供保證，請在確認此點之後再行購買。
◎本書刊載的商品僅為舉例，有售完及變動的可能，還請見諒。
◎本書刊載的入園費用等為成人的費用。
◎公休日省略新年期間、盂蘭盆節、黃金週的標示。
◎本書刊載的利用時間若無特別標記，原則上為開店(館)～閉店(館)。停止點菜及入店(館)時間，通常為閉店(館)時刻的30分～1小時前，還請多留意。
◎本書刊載關於交通標示上的所需時間僅提供參考，請多留意。
◎本書刊載的住宿費用，原則上單人房、雙床房是1房的客房費用；而1泊2食、1泊附早餐、純住宿，則標示2人1房1人份的費用。標示是以採訪時的消費稅率為準，包含各種稅金、服務費在內的費用。費用可能隨季節、人數而有所變動，請多留意。
◎「この地図の作成に当たっては、国土地理院長の承認を得て、同院発行の50万分の1地方図、2万5千分の1地形図及び電子地形図25000を使用した。(承認番号　平29情使、第444-223号)」

「この地図の作成に当たっては、国土地理院長の承認を得て、同院発行の数値地図50mメッシュ(標高)を使用した。(承認番号　平29情使、第445-128号)」

●版權所有・翻印必究●

一起開心出遊吧♪